法国不装腔指南

为你讲述一个真实的法国

一对中法跨国夫妇，文化差异碰撞出爱的火花，
倾力合作为您呈现真实的法国！

小鱼 Thomas Riquoir◎著

老司机必知的法国真相

U0911402

中国地图出版社

图书在版编目（CIP）数据

法国不装腔指南 / 小鱼，（法）托马（Thomas Riquoir）著．—北京：中国地图出版社，2017．1

ISBN 978-7-5031-9551-8

Ⅰ．①法… Ⅱ．①小… ②托… Ⅲ．①法国－概况 Ⅳ．①K956．5

中国版本图书馆 CIP 数据核字（2016）第 280567 号

策　　划　马　隆
责任编辑　马　隆
出版审订　赵　强
图片提供　达志影像

法国不装腔指南　FAGUO BUZHUANGQIANG ZHINAN

出版发行	中国地图出版社		
社　　址	北京市白纸坊西街 3 号	经　　销	新华书店
邮政编码	100054	印　　张	9．5
网　　址	www．sinomaps．com	版　　次	2017 年 1 月第 1 版
印刷装订	北京画中画印刷有限公司	印　　次	2017 年 1 月北京第 1 次印刷
成品规格	150 × 210mm	定　　价	39．80 元

书　　号　ISBN 978-7-5031-9551-8

自序

国家就跟人一样，也带有各自独特的气质、气势与格局。诸国当中，法国毋庸置疑是相当有格调、有意思的一个。单是其风景殊胜、物产丰饶的地理环境，已经要令人责怪上帝偏心了。在我和托马环绕法国三个月的房车旅行中，最令我折服的也是法国那无处不在的美。恢宏华美如卢浮宫，漫不经心如小村庄长满青苔的石墙上斜斜曳出的一枝虞美人。纵使粗犷的老农也有一手将自家花园打理得如诗如画的好本事，让人不禁怀疑，难道每个法国人心里都住着个艺术家？这片土地上诞生过拿破仑，也滋养过可可·香奈儿。法国人既制造出了世界上第一架可用的喷气式客机，也发明了精致繁复、登峰造极的法式烹调艺术。在这个国家，古老与时髦并存，传统与现代交锋。能有机会写一本关于法国的书对我和托马来说是件特别开心荣幸的事，而长达数月的写作也成为一段值得回味的生命旅程。

这本书是我跟托马合作完成的。我从外国人的新鲜视角去探寻法国的别致有趣，托马则以本国人的身份来细说端详。两个人共同讨论章节脉络与重点，共同写作，共同照顾只有几个月大的艾米莉。从此除了是夫妇、是知己外，我们俩又多了层同事关系。书中《小王子》那一节托马融入了他当年在撒哈拉沙漠作法国特种兵以及多年来在欧洲、美洲和亚洲当飞行员的感悟，是一种人生经历的映射，也是向他自年幼便挚爱的《小王子》的一种致敬。

作为一名虔诚的吃货，但凡偷得浮生半日闲，我便会去图书馆借上几本菜谱食经来读。常常都会读得心驰神往、口舌生津，更从中读出了生活的美好和宇宙的奥妙。哎，热爱美食的人实在很难患上抑郁症。图书管理员根据我借菜谱的频率羡慕地对托马说："最近您可没少大饱口福吧！"她哪知道，我是将菜谱像小说那样拿来读的。谁说菜谱一定要用于做菜呢？这本书名为《法国不装腔指南》，可谁说指南一定要用于出行呢？我们希望它不仅对欲到法国旅行生活的人具有实用性的指南作用，对暂无出行计划的人也是本消遣怡情的读物。愿这本书的每位读者都能从中得到我读菜谱的那种乐趣。

感谢我们的编辑马隆老师的大力支持！感谢我的父母一直以来的信任和鼓励，妈妈还用心阅读原稿并给出了第一份读者反馈！最后还要感谢艾米莉来到我们的生命中，有你的每一天都充满奇迹！

FRANCE
NON-PRETENTIOUS
GUIDE

目录

第三章 | 在法国玩什么 095

第四章 | 法国人在想什么 137

第七章 | 法国人吃什么

FRANCE
NON-PRETENTIOUS
GUIDE

第一章

法国就是这样

1. 法国第一印象

你永远都不会忘记第一次品尝法国大餐的滋味，那一场色香味形的盛宴，多年之后仍回味无穷。法国这个国家正如其标志性的美食，初见令人惊艳，随着岁月流淌你愈加会迷上她。

古往今来，数不清的文人墨客抵达这片灵感之地，受其雨露滋养，创作出生命中最重要的名篇杰作。年轻时海明威旅居法国，创作风格受福楼拜等法国作家的影响，就此写出成名作《太阳照常升起》，成为“迷惘的一代”作家中的代表。

凡 · 高早期绘画沿袭荷兰画派的沉寂黯淡色调，直到他在法国遭遇了印象派。从此他画风大变，开始以强烈的色彩表达自己敏感的内心与炽烈的情感。凡 · 高创作的《向日葵》《星夜》《夜间露天咖啡座》等画作成为人类历史上最昂贵的艺术品。

充满传奇色彩的一代厨神茱莉亚 · 查尔德到法国前不过是个厨艺欠佳的寻常美国主妇。抵达法国的第一餐——撒着欧芹碎浸在香浓黄油酱汁中煎成金色的多佛鳎鱼让她在享用美食的同时还给她带来了味觉的顿悟。她走进蓝带烹饪学校，成为美食作家、烹饪节目主持人、家喻户晓的名厨，在美国掀起法式料理饮食革命。她说：“早年在法国的那些日子，是我一生中最美妙的时光。它们标志着一个至关重要的转变时期，

在那些日子里，我找到了人生的方向，也经历了感官的觉醒，而且有那么多赏心乐事，让人目不暇接。”

钱钟书先生曾与夫人杨绛共赴法国留学。旁征博引的他在小说《围城》中那句广为流传的名言——“婚姻是一座围城，城外的人想进去，城里的人想出来”原是来自法国谚语（Le mariage est une forteresse assiégée, ceux qui sont dehors veulent y entrer, ceux qui sont dedans veulent en sortir.）。这是一个令人做梦的国度，是心灵栖居地，也是艺术摇篮。文艺流派纷呈，思潮纷涌。在这里，生活就是艺术，现实就是理想。

法国是文学强国，举足轻重的文坛巨匠不胜枚举。远的有写出《悲惨世界》《巴黎圣母院》的浪漫主义大师雨果；近的有特立独行、剑走偏锋的杜拉斯；普鲁斯特带领了意识流；创作了《海底两万里》《八十天环游地球》的凡尔纳则是“科幻小说之父”。巴尔扎克、司汤达、莫泊桑、左拉、波德莱尔！那些对内心敏锐深刻的探索，理性与感性间的平衡，创造与颠覆，如同穿过薄雾微湿的窄巷邂逅清晨的第一缕光。我尤其钟爱都德的《磨坊文札》，那天真纯净的笔触和一个个带着普罗旺斯阳光与青草味的故事让我着迷。

法国还盛产哲学家。诸如伏尔泰、卢梭、萨特、福柯、德勒兹等。19 世纪拿破仑设立高中毕业会考时就将哲学定为考试科目的头一门。直至今日，不论文理科学生想毕业都得写一篇哲学论文。“我思故我在。”法国教育部对培养学生的思考能力可谓不遗余力。我欣赏帕斯卡的话：“人只不过是一根苇草，是自然界最脆弱的东西。但他是一根能思想的苇草，我们的全部尊严就在于思想。”哲学家应同时是科学家，如此才能无限接近宇宙人生的真相。比如笛卡尔，除了“现代哲学之父”的身份外，他还是创立了解析几何的大数学家，同时也是物理学家、神学家。不像今日法国不少所谓的哲学家，只懂在电视里空谈政治而已。

有太多异乡和本土画家在巴黎成名，毕加索年轻时也在蒙马特一边作画一边泡妞呢。在艺术的黄金时代，印象派创始人莫奈、雷诺阿和塞尚都在巴黎创作生活。画《睡莲》的莫奈擅长光与影的描绘。绘画与摄影相通，都是光与影的游戏。光与影是作品的灵魂，得找到光在哪儿。雷诺阿常与莫奈一起外出写生，切磋画艺。印象派画家成名前几乎都穷困潦倒，两人有种共同战斗的友谊。塞尚也常与莫奈、雷诺阿这些印象派往来，心里却不欣赏他们，他欣赏的是库尔贝、德拉克洛瓦的作品。

那时候画家们常在盖尔波瓦咖啡馆聚会，“外光”理论就是在咖啡馆聊出来的。那个时代里多少文学艺术上的大事是在咖啡馆发生的？若时光倒流，我也想推开这样一扇巴黎咖啡馆的门。

印象主义不只在绘画领域影响深远，在音乐上也是。代表性的作曲家是德彪西，虽然他自己并不怎么认同这个说法。他大胆革新传统音乐，是现代音乐的创始者，欧美各国音乐都受其影响。也有说他是象征主义的。我觉得，像他这样的先锋或许是不该被贴上标签归类的。另一位不能不提的法国作曲家是比才。他创作的《卡门》是全世界上演率最高的歌剧。

1887 年埃菲尔铁塔破土动工时，曾遭到小仲马、莫泊桑等巴黎文艺、建筑界精英的联名抗议。抗议理由是嫌铁塔难看，像根巨大的黑色工厂烟囱耸立在巴黎上空。有位数学教授预言，铁塔盖到 229 米后，整个建筑就会轰然倒塌。还有“专家”声称铁塔的灯光将杀死塞纳河中所有的鱼。事实证明，要是听“专家”的就耽误事了。铁塔就这么在反对声中建造起来了，最终成了法国的文化象征以及巴黎的城市地标。说到地标，纽约地标自由女神像的内框也出自埃菲尔铁塔的设计师古斯塔夫 · 埃菲尔之手，其内框结构就是埃菲尔铁塔的形状。自由女神像 1876 年由法国赠送给美国，为的是纪念美国独立战争期间的美法联盟。其实一开始法国是打算把女神像送给埃及的，埃及没要，这才转送美国。

巴黎是全球时尚之都，每年两次的巴黎时装周是世界时装潮流风向标。可可 · 香奈儿说：“时尚来来去去，唯有风格永存。”法国人会穿衣，穿得出自身风格。衣着品味独特鲜明的张爱玲写道：“衣服是一种语言，随身带着的袖珍戏剧。”站在巴黎街头，我常对身旁路过的一幕幕袖珍戏剧看入了迷。有次在巴黎的书店邂逅一位年长女子。金发松松挽个髻，

两粒光晕柔和的珍珠耳钉，一袭质地优良剪裁合体的大衣。简约优雅，低调奢华。当年惊鸿一瞥直到今日还记得。

有一回托马飞到加拿大一个偏僻小镇，刚下飞机就吓了一跳，机场里除了他所有人都在 200 斤以上。相比肥胖率较高的其他西方国家，法国女子要苗条得多。估计这跟法国的饮食习惯有关。说起来，人类中的长寿冠军也是位法国女子，叫詹尼·路易·卡门，活了 122 岁。法国有这样一种“反向贷款”的购房方式——买房者每月向出售住房的老人支付一定数额的赡养费，老人离世后才能拥有其居住的房子。这有点像买彩票。耄耋之年的卡门夫人也以此方式出售自己居住的公寓，买了她住所的中年人可算“中大奖”了。余生 30 年他支付该公寓两倍的价钱后先于卡门夫人去世了，一天房也没住上。卡门夫人呢，一百岁时她还骑自行车，121 岁生日她还发行了一张名为“时间主妇”的唱片。

1964 年萨特获得诺贝尔文学奖，当然他没去领奖，他一生什么奖都拒绝接受。算上他，截至 2014 年，已有纪德、加缪、罗曼·罗兰等 14 位法国作家获得过诺贝尔文学奖。法国也成为世界上诺贝尔文学奖获奖人数最多的国家。这没什么好意外的，可数学界的“诺贝尔”——菲尔兹奖的获得者中法国也占了 1/4，人家倒是不偏科啊。有一次，牛津大学毕业的英国首相卡梅伦被记者问到“九乘八等于几”，愣是没答出来。要是把同样的提问抛给法国总统奥朗德会如何呢？他的九九乘法表背得应该比卡梅伦好吧，但愿。

为了掩盖秃顶，法国国王路易十三发明了假发。此外，法国发明了计算器、热气球、急救箱、电影、照片、动画片和降落伞……浪漫的法国人兴许还发明了爱情。20 世纪 80 年代法国发明了一种叫 minitel 的东西，并普及全国，直到今日还有些老人在使用它。它以电话线连接，有内置“猫”。可以用它来买东西、发邮件，甚至浏览色情网站。它是个人电脑和互联网的前身。我在托马姥姥家见过传说中的minitel。棕灰色，有屏幕和键盘，就像一台迷你老式电脑。

法国是世界排名第一的旅游目的地。有回我跟托马在巴塞罗那玩了几天后，一返回法国马上就发觉环境更美了，连人们的衣着都更讲究了。举个小例子，在法国所有的树木草坪都修剪得整整齐齐，哪怕是最偏僻的乡村，处处花团锦簇。管中窥豹，可见这个国家管理之完善。

毕竟，上帝存在于细节中。徜徉巴黎、里昂、波尔多的老城区，几百上千年的建筑随处可见。黑白照片里 100 年前的巴黎和今日也没什么两样。时间在这里凝固了。建筑上精美繁复的雕塑，青石板铺就的小路，还有窄小到仅容一人搭乘的老电梯，都散发着时光的魔力，仿佛默片电影中的场景。法国对传统的坚守与维护让人心生敬意。而要寻找纯正的法国生活方式，就得走进一个个风景如画的小乡村。它存在于飞过教堂的鸽群、邻里间的寒暄以及村口面包店新出炉的法棍中。

2. 从高卢到法兰西

法国古称高卢。公元前 1000 年左右凯尔特人从中欧山区迁居至此。罗马帝国将这方土地称为高卢，这方土地上的人则称为高卢人。“高卢”在拉丁语中还有雄鸡的意思，法国的象征物由此而来。高卢雄鸡是法国第一共和国时代的国旗标志，也是当时法国人的革命意识象征。第一次世界大战期间，高卢雄鸡被当成法兰西民族抵抗普鲁士侵略的象征。20 世纪 80 年代起，高卢雄鸡还成了法国足球队和橄榄球队的图腾。其实一开始法国人不怎么接受以公鸡作为民族象征，觉得公鸡表现不出高卢人的机智勇敢。宿敌日耳曼人也就是德国人跟法国人玩文字游戏，嘲笑他们是公鸡，把法国人气得够呛。谁料到了 16 世纪情况发生了戏剧性的转变。瓦卢瓦王朝跟波旁王朝将公鸡 Logo 大量植入钱币、版画中，高卢雄鸡这才咸鱼翻身。说起来高卢鸡的确是鸡群中的战斗机！我跟托马在园中养了四只品种各异、血统古老的纯种鸡，其中就数高卢鸡机

灵勇猛，下蛋也数它最多。

法国建国时相当于唐朝末年。查理曼帝国分裂后，东边变成了现下的德国，中间是意大利，西边则逐渐形成今日的法兰西。第一任国王是查理二世，绰号秃头查理。中世纪那会儿总爱拿人体貌特征说事儿。虽贵为一国之君，他们也逃不脱被称为“秃头查理”、“口吃路易”、“胖子查理”的下场。主要是那段历史时期西欧被蛮族统治久了，臣民们大部分都是文盲，就算王室贵族也识不了几个字，所以起出来的名号才那么接地气。

历经数次王朝更迭，法国迎来了其历史上最伟大的君主波旁王朝的“太阳王”路易十四。他跟康熙大帝同时代，是世界上执政时间最长的君主。四岁登基，在位时间长达 72 年，比中国执政时间最长的康熙皇帝还多了 11 年。路易十四使法国成为当时欧洲最强大的国家和文化中心，使法语成为两个世纪中欧洲外交和上流社会的通用语言。他对法国的其他伟大贡献还包括：为了掩盖不爱洗澡带来的体臭而大大推动了香水事业在法国的发展；为了遮掩身高不足的事实而发明了人类历史上第一双高跟鞋。看来萨科齐不是第一位穿高跟鞋的法国国家领导人啊。除了爱穿高跟鞋外，据说路易十四画像上穿着紧身裤的修长匀称的美腿也是经过“PS”的。

1789年法国大革命开始。1793年机械达人路易十六和他的时尚达人王后玛丽·安托瓦内特被他亲手设计的断头台处决了，这在法国史无前例。其实他也没多坏，成王败寇，被时代的洪流裹挟着身不由己罢了。若可选择，或许他宁愿做一个优柔寡断的锁匠吧。一个旧时代结束，一个新时代开始。1000多年的封建统治土崩瓦解，天赋人权、三权分立的民主思想风起云涌，资本主义开始了。后世为纪念大革命中巴黎群众攻克巴士底狱的日子，将每年的七月十四日定为法国国庆节。

时势造英雄。拿破仑算是生逢其时，就是死得有点憋屈。他缔造了法兰西第一帝国，五次击败反法同盟，基本上统一了欧洲。影响最为深远的是他颁布了《拿破仑法典》，“法律面前人人平等”、“人身自由、契约自由和私有财产神圣不可侵犯”，是资产阶级第一部民法典。随后，欧洲诸国制定本国民法时皆以《拿破仑法典》为蓝本。比利时、卢森堡干脆就把法典复制粘贴直接拿来用了。直至今日，法国的民法仍处处彰显着《拿破仑法典》的影子。一代军事奇才，遗憾没实现欧洲大一统的梦。

拿破仑到底在哪输给秦始皇的呢？首先，当然，秦始皇没兵败滑铁卢；其次，人家秦始皇思想政治工作搞得好呀。一招“焚书坑儒”，把天下的“乌鸦嘴”都给收拾干净了。不像拿破仑，欧洲社会复杂多元，人心散了，队伍怎么带？关于拿破仑的死因，一直疑团重重。有说是死于胃癌的，但对他的头发进行化验分析又发现含有大量砒霜。原来被流放到圣赫勒拿岛后，拿破仑的随从收了英国人的钱长期往他的葡萄酒里投毒。死后 19 年拿破仑的灵柩才被迎回法国，安葬于巴黎荣军院。老对头英国的维多利亚女王访问法国时曾让王储爱德华七世在拿破仑灵柩前下跪。赢得对手的尊重，才是真正赢了对手。丘吉尔说：“世界上没有人比拿破仑更伟大。”

今日的法国政府是法兰西第五共和国，戴高乐是开国总统。世界近代史上，戴高乐将军是为数不多令人由衷钦佩的政治家之一。第一次世界大战时他就因作战英勇获得了最高荣誉十字勋章。第二次世界大战他更创建并领导了“自由法国军队”抗击纳粹德国侵略。在任总统期间他与毛泽东主席共同做出中法全面建交的历史性决策。更难得的是他功成身退，一不要荣誉头衔，二不要总统退休年俸。与夫人隐居乡间，撰写回忆录，版税给患唐氏综合征的女儿安娜设立委托金。说起安娜，戴高乐还是位慈父。温柔细心、亲力亲为地照顾智障女儿直到她生命尽头。因拒绝国葬，这位法兰西民族英雄的葬礼仅按照乡村简朴仪式进行，与普通村民无异。他葬在了女儿安娜旁边，墓碑上只刻了“夏尔 · 戴高乐 1890—1970”几个字。这样最好，圣贤面前任何语言文字都显无力。法国电视二台举行过一个“法国十大伟人”的评选，戴高乐被选为法国历史上最伟大的人。实至名归。

就此英雄时代落幕了。现下的法国政客们基本上都来自法国国家行政学院。前任总统希拉克、现任总统奥朗德都是那儿的毕业生。这些小圈子选拔出来的精英未经历练就被委以重任，他们对国家的管理能力实在令人担忧。近年来因移民政策偏颇所带来的负面影响日益凸显。前段时间的巴黎恐怖袭击事件更击溃了法国民众的心理防线。主张反移民、反全球化、反申根自由通行的极右翼政党“国民阵线”异军突起，炙手可热。其主席玛丽娜·勒庞不仅是个百分百的女汉子，还是个骁勇的斗士和雄辩的演说家。反对派绞尽脑汁地给“国民阵线”抹黑，仍阻挡不了其冉冉上升的势头。根据民意调查，“国民阵线”已成为法国第一大党。越来越多的法国人将“国民阵线”当作缓解大量北非移民给法国带来沉重经济负担及社会治安问题的唯一希望。几年前麦当娜在法国巡演时曾于舞台背景亮出玛丽娜·勒庞的头像，并打上了纳粹标志。如今勒庞如日中天眼看是惹不起的节奏了，麦当娜也改口了。在法国电视采访中她表示很想跟玛丽娜喝上一杯，以便深入了解她的政治主张。上一次的大区选举中，左右政党不得不进行合作以打击“国民阵线”。要知道法国虽是多党制国家，从左到右的政党共有30来个，但执政党一直是社会党（左派）跟人民运动联盟（中右派）交替。而且政治术语中“左派”“右派”的概念本就源于大革命时期的法国。1791年的制宪会议上，激进的革命派坐在了左边，温和的保守派坐在了右边，左右两派就此诞生。现今的法国是半总统制半议会制的民主共和制国家。总统任期五年，由选民直接选举产生。“国民阵线”会不会冲击到法国因循已久的政治格局？2017年的法国总统大选我们将拭目以待。

除了北非移民问题让法国闹心外，法国最大的岛屿科西嘉还有个“科西嘉民族解放阵线”闹独立。科西嘉地处法国东南的地中海上，战略地位重要，历来是兵家必争之地。岛上民风剽悍，拿破仑就是科西嘉人。2015年圣诞节，岛上两名消防员和一名警察在平民街区遭遇几十人的埋伏攻击受伤，是阿拉伯青年所为。转天民众就捣毁了位于该街区的一座穆斯林礼拜堂，并多次示威，高喊“阿拉伯人滚出去”。经此一役，下回若再有阿拉伯小混混想为非作歹可得先在心里掂量掂量了。科西嘉岛原先归热那亚管，但 18 世纪上半叶岛民赶走了热那亚人，成立了科西嘉独立政府。谁料热那亚跟法国签了秘密协定，把科西嘉卖给了法国。这就开启了科西嘉人反抗法国的领土保卫战。这些年来“科西嘉民族解放阵线”制造过一些恐怖爆炸事件，

但如今他们已宣布放弃武装斗争，并启动解除武装的进程，向组建政党的方向过渡。岛上仍有独立的声音，只不过越来越弱。佛经中讲：“比如一滴水融入大海，海和一滴水的概念都没有了，但觉悟者明白他们自性相同无别。”何况，暴力从来不是解决问题的方法。与科西嘉存在相同问题的还有布列塔尼，也有“布列塔尼解放阵线”主张布列塔尼独立。布列塔尼是半岛，位于法国最西边。1532 年才成为法国领土，此前虽深受英法两国文化影响，但一直是独立公国。早年间半岛上除了住着高卢人后裔外，还有因英格兰人入侵而被迫迁来的威尔士人、康沃尔人后裔。跟科西嘉一样，布列塔尼也有自己的语言。听上去像古法语和古英语的混合，如今只能偶尔在偏远乡村才能听到。他们还有自己黑白相间的旗帜，餐馆、民居、汽车上处处皆是。可见布列塔尼人对自身民族文化的强烈归属感。此外，历史上的法国殖民地比如南美洲的法属圭亚那——欧洲航天发射中心所在地，有时也会传出一些独立的声音。不过也就是一些声音罢了，然后，就没有然后了。

今日的法国是西欧最大的国家。本土面积 55.16 万平方千米，与中国比的话，比四川省的面积大点儿。本土行政区域分为 22 个大区，96 个省。此外法国还有 4 个海外单省大区、6 个海外领地和 1 个特别海外领土。法国的地理位置得天独厚，气候温和宜人，自然资源与文化遗产异常丰富。它三面临海，河流众多，平原辽阔，山峦起伏。地形地貌丰富多彩，法意边境海拔 4810 米的勃朗峰是西欧最高峰。此外，中南有高原，西南有盆地，西北有丘陵。南部的拉扎克（Larzac）还有片 1000 平方千米被载入世界遗产的喀斯特荒野，冬季严寒，夏季酷热且多暴风雨。当地人烟稀少，唯有一群群绵羊咩咩叫着走过古老的石头磨坊。牧民们将羊奶做成蓝纹奶酪，是带着荒野气息的美味。

3. 拿什么代表法国

面包店

法国谚语中，形容某人心地善良说“跟面包一样好”（être bon comme du bon pain）；赚钱谋生说“挣面包”（vas gagner ton pain）；走到生命尽头则说“对面包没了胃口”（perdre le goût du pain）。面包对法国人有多重要，从中可见一斑。面包是法式饮食结构的主食，面包之于法国人正如米饭之于中国人。从早餐的牛角面包，到佐餐的法棍、乡村面包，到餐后甜点各种水果挞等。面包店是法国人最常光顾的店铺了。巴黎那些有名的面包店排队买面包的队伍常会排到大街上去。就算最偏远的小乡村，也能买到香喷喷热乎乎新出炉的面包。每到一个新地方，托马和我总会先去当地的面包店探探险。若是离开法国一段时间，最想念的当然也是那儿的面包店。

面包店挂的招牌一般都有 Boulangerie 和 Pâtisserie 的字样。其中 Boulangerie 指的是面包，Pâtisserie 指的是甜点。在面包店和私家烤炉都还没问世的年代，法国那些大大小小的村子全村可就只有一个烤炉。烤面包不是件随便的事，就算不焚香沐浴，也得选个黄道吉日。开炉那天跟过节似的，全村老少汇聚烤炉前热热闹闹地一起烤面包。烤好的面包用布层层包好妥善保存，下回开炉还指不定是哪天呢。纵使如此，吃到最后面包也硬得跟石头一样了，只能在汤里浸软了吃。真材实料的法国传统面包绝不能跟工业化沾上边儿。讲究使用石磨研磨出来的全麦面粉。酵母粉当然也不能用，得用富含天然酵母的面起子。每一个面包都由面包师傅纯手工制作，再用柴火炉烘焙。烤出来的面包口感扎实，带着醇厚的麦香与酵母香，营养价值也是那些工业化流水线出品远远不及的。而说到法式甜点，其精髓就在于"复杂"二字。复杂不仅限于甜点造型的繁复精美，更指其口味的丰富多变。将浓与淡、甜与酸、脆与软、细腻与粗粝……巧妙地糅合在一起，每一口都是对味蕾的撞击。秋天是值得期待的甜点季，大量跟栗子有关的甜点上市。拿一枚简单的栗子泡芙来说，就包含了柔滑的栗子蓉、轻盈的栗子奶油和颗粒感的糖渍栗子。品尝时可谓惊喜连连，幸福满满。

每日去相熟的面包店买个面包，顺便跟老板娘闲聊几句也算是典型的法国文化了。乡下地方尤其如此，面包店还肩负着信息、"八卦"集散地的重任。哪家诊所的牙医技术好，哪个村的集市有小鸡卖，我们可都是跟村中面包店老板娘打听到的。老板娘面善热情，与她交谈如沐春风。店里玻璃柜台擦得锃亮，一排排五彩缤纷、造型可爱的甜点恭候顾客的光临。竹篮里摆着长长的法棍，又大又圆的乡村面包以及各种佐餐面包、早餐面包。我偏爱周二特供的无花果全麦面包，托马则喜欢周日专有的黑橄榄面包。面包师傅是老板娘的兄长。从他的体型推断，他烤的大部分面包都被自己吃了。

法国各地均有当地专属的甜点。拿我们当下生活的中世纪小山村 Najac 来说，人口才 200 多人，可也有本村特产的甜点——一种特别的年轮蛋糕（gâteau à la broche）。炭火大烤炉里火烧得旺旺的，鸡蛋、黄油、面粉和糖调好呈糊状，宝塔状长长的金属模具架在烤炉上，一边转动模具一边往上浇面糊。知道的是烤蛋糕，不知道的还当是烤肉呢。烤好的蛋糕浓郁酥软，夏日晚间的集市上人们把蛋糕切成一圈一圈的配了冰淇淋吃。我们房车旅行路过 Pithiviers 时还向农场主老婆买过她亲手制作的当地特产蛋糕。一口咬下，腻到不行。这么舍得放黄油，难道这位大婶刚打劫了黄油铺不成？

教堂

法国的教堂星罗棋布。城城有教堂，村村有教堂，就算只是几户人家的聚集地往往也有个教堂。不论大城市还是小乡村，当地最宏伟的建筑就是教堂。这些教堂在历史上承载着法兰西民族的宗教信仰，它们基本上都是中世纪修建完成的。现如今法国不修建教堂了。因为北非移民数量庞大，穆斯林礼拜堂倒是猛增。

依照重要性来分，教堂有以下几种。首先是大教堂（Cathédrale），也称主教座堂。它是主教所在的教堂，一般也是主教区内最大的教堂，像巴黎圣母院就是大教堂。哥特风格的巴黎圣母院矗立于塞纳河畔，恢宏唯美。教堂全部采用石材建造，主立面水平与垂直比例接近黄金比例，被写作同名长篇小说的雨果喻为“石头的交响乐”。我和托马在巴黎时就住在巴黎圣母院附近。黄昏漫步，一束阳光穿透厚厚的云层落在教堂塔尖上。瞬间内心为它庄严圣洁的力量所震撼，只觉得那里就是离天堂最近的地方。

Basilique 通常是指享有特权、发生过神圣事件或安葬着圣徒骨骸的教堂。巴黎的圣德尼教堂就是 Basilique。想当年基督教在法国还属于地下组织，那些率先皈依和传播福音的信徒中不少人都殉教了。巴黎地区的第一位大主教罗马教廷派来高卢传教的德尼就是其中之一。被异教徒斩首后，德尼被追封为圣。他的埋骨处建起了一座教堂，即为圣德尼教堂。同时这里也是法国的王室陵园，除了个别几位外，历代法国国王基本上都安葬于此。

人们最为熟知的广义上的教堂是 Eglise，在法国最常见的也是它。教堂由专属牧师负责，人们在此举行婚礼、葬礼、洗礼、望弥撒等。我们在 Najac 就住在村中教堂对面。这是座古老的石头教堂，13 世纪时天主教廷为惩戒信奉异教卡特里派的村民命其自筹资金修建起来的。托宗教派系斗争的福，我们才有幸聆听这晨昏相伴的悠扬钟声。三不五时，我们看见身着白纱的姑娘与心爱的小伙在此喜结连理，时而又看到哀伤肃穆的亲友在此送逝者最后一程。教堂无语，见证着人世间的悲欢离合。起风了，远古的风呼啸着穿过教堂的钟楼，中世纪的人们曾站在同样的地方，吹着同样的风，想着同样的心事。时间与我皆是虚设的概念，真实的是，风、你掌心的温暖和眼中的星星。

Chapelle 是礼拜堂，各类教堂中最小的建筑结构，用于祈祷。拉雪兹神父公墓中就有诸多祈祷室，我们村也有一个。两扇高大木门，一方幽谧石室，几排木制长椅以及鲜花围绕的耶稣木雕。虽没有宗教信仰，我和托马也常去里面静坐沉思，是个静心养心的地方。

此外，Abbabye 是男子修道院，Couvent 是女子修道院。房车旅行时我们曾停在荒弃的古老修道院过夜。清冷月光下紧闭的木门和断墙上的绿苔仿佛在讲述一个年代久远的传说。我们还参观过邻村一个千年历史的修道院。临湖而建，森林环绕，内部有精巧的石头回廊和可爱的法式园林。在这样美好的地方修行应不会觉得清苦吧？

城堡

法国的城堡有 1 万多座，其中著名的就有 1 千多座。跟教堂一样，这些大大小小的城堡基本上都是在中世纪修建的。城堡之间的区别在于，中世纪早期的城堡外表质朴，有军事攻防的作用。中世纪晚期世道太平了，城堡建得精美奢华，成了王室贵族炫富的工具。

城堡太多，分布全国各处，不必特意去探访，随意走走就能遇上。特别是卢瓦尔河谷一带还有个群星熠熠的城堡群。其中最大名鼎鼎的要数国王弗朗索瓦一世兴建的香波堡。话说弗朗索瓦一世可是达·芬奇的粉丝，专程请来达·芬奇为城堡设计了堪称建筑史上一绝的“双旋梯”。在这座双套空心螺旋楼梯上，同时上下楼的人可以通过内芯门窗两两相望，却不会有身体交叉。如此便避免了弗朗索瓦一世的王后与情妇正面交锋的可能。两位女士就算在楼梯上瞧见对方互损几句，至少不会发展成揪头发互殴的尴尬局面。如果说卢瓦尔河谷最壮观的城堡是香波堡，那最浪漫的就是舍农索城堡。舍农索城堡左右两翼横跨波光潋滟的希尔河，是一座水上城堡，被喻为“停泊在希尔河上的船”。这座城堡历代主人都是女性，包括多位王后、宠妃和贵妇，所以又得了“妇人堡”的别号。历经数代娘子军的整饬打理，城堡散发出精致柔美的气质，尘封岁月中自然也上演过不少宫斗戏。此外，舍维尼城堡是《丁丁历险记》的灵感来源，内部装饰和家具也最考究。昂布瓦兹皇家城堡是达·芬奇最后的作品，当然又是弗朗索瓦一世请他出山的，离世后他被安葬在了城堡中。由于阴谋刺杀事件最出名的则是布卢瓦城堡，当然了“城堡”二字从来都和争权夺势钩心斗角脱不了干系。

说起城堡，不能不提的还有卡尔卡松，它可是欧洲最大的城堡。2600 年历史的卡尔卡松中世纪时就是法国的要塞城邦。它地处南部奥德省，与西班牙就隔着座比利牛斯山。城堡包含宫殿、教堂、广场和市集，完全是个货真价实的城市。城堡的特别之处在于有内外两重城墙，而且两重城墙风格还不一致。外城墙是哥特式的，内城墙是罗马式的。混搭哪是什么新鲜事呢？还不都是古人玩剩下的。浓浓夜色中的卡尔卡松巍峨、沧桑、宁静、深远，清晨的阳光则为它注入新的活力。鸽群飞过高大厚重的石墙，大狗听话地在纪念品店外等候主人，猫咪懒懒地趴在室外咖啡馆的木桌上晒太阳。往事随风，弹指千年。

我们村的城堡建于山顶巨石上，默默见证了 800 年的人世更迭。城堡内曾盛极一时的繁华已于法国大革命期间被村民搬了个干干净净。城堡的防御工事极强大，就是忘记修建水源系统了，所以只能接雨水用。不过这对于 300 名不爱洗澡只喝红酒的士兵来说完全不成问题。

博物馆

走进一个国家的市井生活，明白的是其现状。走进一个国家的博物馆，明白的则是其历史。想了解一个国家的全貌，两者缺一不可。

法国的博物馆数量庞大，品类繁杂，包罗万象。头一个当然是卢浮宫。它位于塞纳河北岸，居世界四大博物馆之首。这座宏大华丽的宫殿迄今为止已有 800 多年历史，曾是法国王宫，住过 50 位国王和王后。镇宫三宝分别是断臂维纳斯雕像、胜利女神石雕和蒙娜丽莎油画。40 万件艺术藏品分成绘画、雕塑、美术工艺、古代东方、古代埃及和古代罗马六大门类。珍宝荟萃，令人叹为观止，是一座值得花几个星期甚至几个月时间来徜徉品赏的艺术圣殿。卢浮宫正门入口那座透明玻璃金字塔出自美籍华人建筑大师贝聿铭之手。他的设计先锋大胆，简约优美，既实

用又兼顾象征意义。与古老的卢浮宫交相辉映，是古典美与现代美的完美结合。20 多年前独树一帜的玻璃金字塔设计稿一公布就招来无数非议。反对派甚至成立了反新卢浮宫委员会，指责这是对文物古迹的重度破坏。而今贝氏金字塔却被公认为天才的神来之笔。或许非议不是什么坏事，否则创意就有归于平庸的嫌疑。除了卢浮宫，法国还有遍布大城小镇的美术博物馆、自然博物馆、科技博物馆、历史博物馆、蜡像博物馆、音乐博物馆、电影博物馆、香水博物馆、葡萄酒博物馆、磨坊博物馆、情色博物馆、玩偶博物馆、圣诞老人博物馆……乃至奇葩的畸形生物博物馆。这座重口味博物馆就坐落于巴黎圣母院附近，1835 年由著名外科医生 Guillaume Dupuytren 创办，全名叫病理学与畸胎学博物馆。大厅摆满了浸泡在防腐液中的动物、人体和胚胎，还有各种病变器官标本。在高峰时期馆内总共收藏了近 600 万件展品。虽然不以吓人为目的，但开馆之初这里可只允许男性进入参观。参观时禁止拍照和进食，就算没这项规定估计也没人会冒着呕吐的危险一边欣赏畸形生物一边吃零食吧。

法国这些大大小小的博物馆通常都有免费参观日。国立博物馆和上百个国家历史古迹更对 26 岁以下的欧盟青年和法国教师免费开放。法国政府让博物馆发挥出最大的文化价值，给民众自由呼吸艺术空气的机会。短期来看似乎少了财政收入，从长远角度来看却绝对是惠国惠民。旅途中我跟托马也逛过不少博物馆。记得路过亚维农时我们就参观了一个有趣的动物标本博物馆。馆内布置得好似丛林，左边是咆哮的猛虎，右边是直立的黑熊，上方有翱翔的雄鹰，树枝还吊着淘气的猴子……看完古生物化石又拐进一间专门的蝴蝶标本展厅。我从未见过如此多美妙魔幻的蝴蝶翅膀，难怪“庄生晓梦迷蝴蝶”！博物馆里转了一圈直到离开也没人让我们买票，那应该也是免费的吧。

书店

法国人说，在法国有两样东西不能丢掉——面包和书。法国人出了名的爱读书，年人均读书量排名世界前三。在网络和电子书冲击下，各国书店经营举步维艰，但近十年的数据显示法国的图书销售额却不减反增。一方面法国文化部不遗余力地制定保护措施推动纸质书发展。包括限制书店房租上涨；为想开书店的人提供补助金或无息贷款；法语书籍统一定价，书店打折不能超过书籍标价的 5% 等。另一方面法国民众对纸质书情有独钟。他们相信“每一本书都是有灵魂的生命”，对书籍怀着长久以来的敬重之心。且指尖触摸纸张的质感，翻动书页的沙沙声和字里行间飘散的油墨馨香更是电子书所无法取代的阅读体验。

法国的书店大多小而精致，带着各自的品位和趣味，往往隐藏于深巷之中，要怀着寻宝的心去发掘。旅居小城佩里格时，我们曾在一条安

静的石板小路上找到一家漫画书店。铺面狭小，里面的漫画书却繁多而齐全，从孩童到成人都能找到适合自己的。兴之所至我们会在那里花一个下午细细翻看挑选。有次居然让我找到本法语版张乐平的《三毛流浪记》，这使我如获至宝。法国也有大型连锁书店，最大的一家是 Gibert Joseph。最初是一家由同名的古典文学教授开在圣米歇尔码头附近的二手书店，至今已有 120 多年历史了，在巴黎、里昂、马赛、图卢兹等十几座城市开有分店。仅在巴黎市中心圣米歇尔大街两侧它就各开了一家店，招牌与店面都相当醒目。步入其中，仿佛畅游于书的海洋。新书、二手书应有尽有，只有想不到的，没有买不到的。

在法国逛书店最不容错过的当然还得说那些独立书店，比如巴黎的“莎士比亚”。作为一家英文书店，它却成为不少巴黎观光客慕名前往探寻的景点。它被誉为世界上最美的书店之一，也是每位关注独立书店的读者心中的圣殿。在书店的全盛时期，它成为乔伊斯、菲茨杰拉德、海明威等“迷惘的一代”作家的精神乐园。海明威还自封为莎士比亚书店的最佳顾客。昔日的莎士比亚书店其实已于“二战”期间关闭了，原因是店主西尔维亚夫人不愿将书卖给纳粹。今日的莎士比亚书店是诗人惠特曼的私生孙子开的，它成为美国“垮掉的一代”作家在巴黎的栖居地。新旧莎士比亚书店在精神上一脉相承，开店以来有几千名需要帮助的文学青年睡过书店二楼的行军床。书店外墙上写着：“善待陌生人，他可能是一位化装后的天使。”墨绿门脸上架着鹅黄招牌，正当中挂着一幅莎士比亚头像。书店门面颇小，正可谓“山不在高，有仙则名；水不在深，有龙则灵”。四壁皆是到顶的书架，架上的书摆得密密匝匝。走过狭窄斑驳的楼梯，轻轻翻开一本古董书。艾伦·金斯堡坐过的旧沙发陈列在书店一隅，窗外是沐浴在金色阳光下的巴黎圣母院。

法国也有中文书店。法国乃至欧洲最大最老的中文书店在巴黎，名为凤凰中文书店。书店创始人瑞吉斯·伯哲宏（Régis Bergeron）是一位共产主义信仰者，也是最早一批来新中国的外教。归法后他于 1965 年创建了凤凰中文书店，为中法文化交流做了不少贡献。“文革”时期的凤凰中文书店还卖过“红宝书”，今日则不仅能买到大量原版的中文书籍、期刊，还能买到中文原著的法语翻译版。此外书店还接待过巴金、莫言这样的文学大师。有回我跟托马逛书店时带去了几本我们自己的游记。接待我们的书店负责人是位中文说得倍儿溜的法国姑娘，她说游记的封面很吸人眼球，痛快地留下售卖。就这样我们的游记卖到了巴黎。

时尚

2016 年春最潮最 IN 的时尚单品是什么？估计这样东西你小时候肯定在奶奶家见过，隔壁大婶去菜市场买菜时也拎过。对，就是网兜！这些线绳编制的镂空网兜摇身一变就杀入了时尚圈，由法国品牌 filt 推出。这也没什么可大惊小怪的，路易威登前些年不是还推出过红白蓝编织袋嘛。被人家明星、时尚博主手提肩背着一出街，顿时就显得高级起来了。不过普罗大众背着还是得慎重，一不留神就背出农民工气质来了。英国政治家兼文学家查斯特菲尔德勋爵说过，“如果一个人时尚，他做什么都是对的。”对大家伙来说，时尚就是紧赶慢赶永远慢半拍。其实跟追女孩一个道理，对时尚也得用上点欲擒故纵的智慧。法国是现代时尚的发源地，法国的时尚则起源于路易十六时期。人类历史上最早的时尚达人得说是路易十六他老婆玛丽·安托瓦内特了。想当年王后前脚刚穿了什么，宫廷内外后脚就纷纷效仿起来了。王后同款甚至还流传到了欧洲其他国家，比现如今的麻豆网红可牛多了。爱马仕、迪奥、香奈儿、纪梵希……这些法国一线品牌少说也得占全球奢侈品的半壁江山吧？世界四大时装周，纽约展示的是商业；米兰展示的是技艺；伦敦展示的是胆色；唯有巴黎，展示的是梦想。

说到时尚，不能不提的当然还有法国时装界的“三圣”——可可·香奈儿、克里斯汀·迪奥和伊夫·圣罗兰。可可·香奈儿成功地实现了从孤寒小裁缝到时尚帝国女王的华丽转身。她带着原创与反叛精神，在女装中加入男装元素。简约、自然、优雅，将女性从烦琐束缚中解放出来。她一手打造的经典小黑裙、香奈儿 No.5 香水历久弥新被

推崇至今。她自己也活成了一段传奇。在30多岁时，可可·香奈儿就成了法国最富有的女人，时代杂志还将她评为20世纪影响最大的100人之一。她强悍又女人味十足，言语刻薄却说出了不少真理。她曾说："有人认为奢侈是贫穷的对立面，其实不是。奢侈是粗俗的对立面。"她还说过："想要无法取代，就必须时刻与众不同。"

与香奈儿不同，迪奥的风格是高贵华丽、天马行空的。它选料上乘、剪裁精致、设计非凡，是法国时装文化最高精神的象征。迪奥的重大建树是以浪漫摩登的新造型恢复了"二战"后的女性审美，并推动了经济复苏。伊夫·圣罗兰曾是迪奥的学徒，少年得志，21岁时临危受命成了迪奥的首席服装设计师。短短数年后他与同性恋人合力创建了以自己名字命名的时装品牌。他的设计标签是前卫，拥有绘画及设计天分的他还常将艺术、文化元素注入服装中。凯瑟琳·德纳芙等一众法国明星皆是圣罗兰的铁粉。安迪·沃霍尔评价他："灵感来源于街头，却从不舍弃那种优雅的质感。"

寻常法国百姓将时尚融入日常，对他们而言时尚就是种生活态度。拿我们村的遛狗老太来说吧，每回遇上都见她穿戴齐整。优雅得体的裙装搭配同色系的大衣帽子手套，家门口遛个狗而已，隆重得却像是要赴一场盛宴。谁说遛狗就不能打扮得漂漂亮亮呢？这份隆重首先取悦的是自己。说到底时尚最大的功用就是带给人快乐吧。毒舌的奥斯卡·王尔德评价时尚说，"时尚就是种让人难以忍受的丑，以至于我们不得不每六个月就改一次。"乐和乐和得了，犯不上较真儿。

香水

20世纪50年代，《生活》杂志的记者采访玛丽莲·梦露时曾问过她睡觉时穿什么。于是她做了那个经典的回答："只有几滴香奈儿

No.5。”No.5 是香奈儿品牌的第一款香水，丰富变幻的鲜花香氛，强烈得像一记耳光般令人难忘。它有多流行呢？全球每半分钟就能卖掉一瓶。在法国诸如香奈儿 No.5 这般富有传奇色彩的香水不胜枚举，比如娇兰根据《小王子》作者圣 · 艾克苏佩里另一部描述南美洲飞行的故事创作的同名香水“午夜飞行”；比如圣罗兰惊世骇俗神秘妖娆的“鸦片”……关于香水搽在哪合适的问题曾有人请教可可 · 香奈儿。她回答：“凡是你想被亲吻的地方。”

香水最早由古埃及人发明，供宗教仪式所用。埃及艳后克利奥帕特拉喜欢用 15 种不同气味的香水沐浴，还奢侈地用香水浸泡她的船帆。香水真正盛行起来则是在路易十四时期的法国。在那个时代法国从王室到平民普遍惧怕洗澡。当时的医学常识认为，体味越强就表明身体越健康。而洗澡作为医疗手段必须谨遵医嘱。据路易十四御医的记载，国王 64 年间总共只洗过一次澡。可路易十四又是个极爱美注重形象的主儿，于是他想出了个洗澡的替代方案——用毛巾干搓，然后喷香水。他对香水的嗜好简直到了痴迷的程度，命令宫廷香水师每天调一款新香型。独乐乐不如众乐乐，他还号召臣民每天搽不同的香水。路易十四这还不算最任性的，人家拿破仑才是将香水使用到了出神入化的境界。他不仅喷香水，拿香水洗澡，还喝香水排毒养颜！香水佐餐、当调料或者兑水稀释了当饮料喝。征战沙场，靴筒里也不能忘记塞上一小管古龙水。每个月拿破仑就得消耗掉 60 瓶古龙水。被流放孤岛后香水用完了，逼上梁山的他竟还激发出了调香的潜能自创了薄荷香水。此外，拿破仑还鼓励科学家研究有机化学，令法国香水工业产生革命性的变化，从而领先于世界。如此来说将法国香水推上巅峰的不是玛丽·安托瓦内特这样绝代风华的美人，而是诸位五短身材的纯爷们。

一开始法国人偏好麝香、龙涎香这类重口味的动物性香料。也是没法子，要不怎么对抗强烈的体味呢？随着时代变迁人们的偏好逐渐转移到了柠檬、玫瑰这类植物性香料，估计跟个人卫生习惯的改善直接相关。法国南部小镇格拉斯从 18 世纪起就成为世界香水之都。直至今日，法国 80% 的香水都在这里制造。小镇背靠阿尔卑斯山，面向地中海，地理环境与气候条件优渥，一年四季鲜花盛开。圣诞节刚过，漫山遍野就铺满了金色的黄绒花；春天伊始，黄绒花谢，染料木花开；5 月和 6 月是玫瑰盛放的时节；整个夏季田野间薰衣草香袭人；而淡雅清馨的茉莉则会一直开到秋天。此外还有柑橘、薄荷、紫罗兰、晚香玉……最早的香水师其实是皮匠改的行。16 世纪那会儿流行香味手套，格拉斯的皮匠们于是兼职研究起了香料。谁料日后竟成了征服时尚圈的香水师。所以说，不想种花的皮匠不是好香水师啊。

罢工

德国历史上最长的一次罢工是 2015 年那次铁路系统大罢工，总共持续了 6 天。法国人一听就笑了。人家法国人可是半年工作半年罢工的节奏。话虽夸张了些，但法国人的确出了名的爱罢工。在法国不仅铁路工人罢工，公交车司机罢工，机场空管人员罢工，邮递员罢工，教师罢工……连警察也罢工。物价上涨得罢工，工资不涨也得罢工，不满养老金制度必须罢个工啊，退休年龄延长那还能不罢工？法国最近一次罢工发生在 2016 年 3 月，数十万人走上街头抗议劳动法改革延长工作时间和解雇自由加大。只 3 月 9 日一天，法国各地就发生了 140 多场罢工、游行。不管是从罢工规模还是罢工密度来讲法国都舍我其谁地领先于世界。中国人说，这个事儿咱们得开个会啊；法国人说，这个事儿咱们得罢个工啊。

论及罢工的效果，要知道 1968 年那次著名的大罢工差点就把法国政府给推翻了。当时戴高乐政府逮捕了因反对越战而向美国在巴黎产业投炸弹的学生。巴黎的大学生们为此集会、抗议，发起一系列学生运动。警察干预，导致流血冲突，更多的学生被捕。法国其他省市学生纷纷投入学生运动，占领校园，展开巷战，冲突升级。到了 5 月，法国工会号召全国工人进行罢工来支持学生。80 万巴黎工人首先进行了大罢工，随后全国数百万罢工工人占领了 300 多个重要工厂并扣留经理。至此法国全国的空中、海上、铁路交通中断，生产停顿，社会陷入混乱状态。法国面临严重的政治经济危机。总统一看事儿闹大了，赶紧发表电视演说，许诺改革，呼吁全国恢复秩序。接着政府与工会达成了复工协议。要啥给啥了啊，时候也不早了，大伙回家洗洗睡吧。另一次值得一提的大罢工在 1994 年。大家都去罢工了，国家呈瘫痪状态，每个人的生活都受到影响。最后巴黎人受够了，发起了反罢工游行。连当时的总统密特朗也站在了游行队伍里，与巴黎人一起用罢工来反对罢工。原来法国人也懂得借鉴韩非子的“以子之矛，攻子之盾”。

罢工这事见仁见智。一方面，罢工引起社会混乱，影响民众正常生活。另一方面，面对剥削挺身而出勇敢捍卫推动了政府改革及社会进步。19 世纪大仲马已提出“人人为我，我为人人”，法国人深谙唇亡齿寒的道理。英国的阿克顿勋爵说过，“法国大革命点燃了法国人的浪漫主义狂热和理想主义情怀。”这一革命精神也燃烧到了罢工上。在法国，罢工作为公民的法定权利被写进了宪法。法国劳动法也规定，任何正确行使罢工权的雇员不得遭受惩罚与辞退。罢工的游戏规则包括——必须提前五天递交申请；写明队伍游行路线、持续时间；罢工游行时不妨碍警察执行公务，爱护公共设施；媒体提前数天滚动播出罢工消息，提醒民众安排好工作生活等。当然了，罢工期间是没有工资拿的。否则不成带薪休假了？

香颂

香颂源自法语“chanson”，直译就是“歌曲”的意思。音译为“香颂”正好传达出了法国歌曲的庄雅浪漫，可谓译出了灵魂。说起来法国香颂包含了写实、幻想、文学、政治、情歌、民谣、地方小调等所有类型的歌曲。但深入人心的终归是那些老派咖啡馆中留声机飘出的复古怀旧歌曲。如同一杯醇厚的红酒或一张泛黄的照片，它不动声色地勾起你心底远逝的美好回忆与甜蜜情怀。尼采曾说：“上帝独将天使的语言留给了法国人。”照他的说法，法国香颂就是天堂的回音了。

香颂的起源最早可追溯到 12 世纪法国游吟诗人叙事、抒情的单旋律音乐。而现代香颂形式的确立则在 1900 年前后，即“法国的美好时代”。今日的香颂与外来元素相融合，富有时代感的同时，优美的旋律与浪漫的情调仍一如往昔。香颂格外注重歌词的考究。意境悠远的词加上韵味十足的曲，二者相辅相成。歌曲中叙事部分乐段和乐曲反复部分相互构筑，这成为法国香颂独特的迷人之处。最广为流传的香颂非《玫瑰人生》莫属了。原唱是“小鸟歌后”艾迪特·皮雅芙，歌词亦出自她手。这首歌有高达 66 个翻唱版本。小野丽莎将其翻唱出了法式波萨诺瓦（Bossa Nova）味儿，这个版本因电影《天下无贼》而为国人熟知。此外，奥黛丽·赫本在电影《龙凤配》中表演过清唱版；陈百强曾将其改编为粤语歌《粉红色的一生》；2014 年春晚刘欢还跟苏菲·玛索对唱过这首歌。

星期天无商业

在法国超市星期天居然关门！这一点刚到法国时我还真不习惯，格外怀念起社会主义的好。法国的星期天无商业，最早源于宗教信仰。历史上法国曾是天主教国家。依照《圣经》，上帝连续六天创造了天地万物，第七天休息。那信徒们星期天当然也不该工作啦。时移世易，今日的法国虽不再是天主教国家，但星期天无商业的传统是留下了。此外，禁止商店星期天营业还是一条存在了 100 多年的法律。近年来由于经济不景气，法国政府想过修改这条法律。萨科齐做总统时就想要推动星期天商店营业，不过半数以上的法国民众都持反对意见。反对得也有道理，谁说多一天营业时间就能把 GDP 拉上去呢。星期一到星期六没钱消费，星期天就突然有了？星期天这么宝贵的休息日本来就该与家人相伴。一起去郊游，畅谈，共享一顿丰盛的晚餐。谁会为了那点加班工资牺牲天伦之乐呢？何况法国社会福利还那么好！倒也不是说星期天一家开门的店铺都没有。大超市、大商场星期天关门，不过一些小超市、餐厅、咖啡馆星期天还开门。这些小商店、面包店往往选择在星期一休息。所以万一赶上星期天急需购置食品、日用品也有去处。此外还有华人、阿拉伯人开的小杂货铺，开门比谁都早，关门比谁都晚。

预约

在法国做什么都得预约。去餐厅吃饭得预约；去银行办事得预约；找医生看病也得预约，假如要找的是眼科或皮肤科专家往往更需要提前好几个月预约。修车得预约；理发还得预约，否则遇上任性的美发师就算他闲着没事儿也不会去接待那些不速之客。私人之间的会面就更得预约了，请客吃饭得预约，走亲访友也得预约。在法国几乎人人都有本记载自己日程安排的“备忘录”。没有哪行呢？那些动不动就长达好几个月的预约谁记得住呀。未经预约便直接登门不仅显得失礼，更重要的是想办的事往往也办不成。做过的预约如果不打算去了也别忘记提前打电话取消。预约习惯的形成与法国政府部门制度烦琐直接相关，凡事都得提前制订计划并细化工作程序。此外法国人注重公私分明，私人时间神圣不可侵犯，想在非工作时间找他们办事简直比登天还难。预约这道程序貌似添了麻烦、不够灵活，实际上它能帮人更好地管理时间。比如按照预约时间去看医生便减少了徒劳等待这一环节，时间使用率就这么提高了。

4. 那些被颠覆的法国印象

法国人懒？

法国人给人懒的印象估计跟他们的每周 35 小时工作制有关。法国从前也有过 41 小时工作制，后来曾缩减到 39 小时，再后来又缩减到如今的 35 小时，当然这还不算带薪长假。当初推行 35 小时工作制的主要目的其实是想通过减少雇员工作时间来促使雇主多雇人，以此增加就业。这做法貌似有点一厢情愿。雇主们哪会轻易束手就擒呢？法国的羊毛也出在羊身上啊。雇主们必定会想方设法让雇员们在 35 小时内完成 39 小时工作量的。话说法国人工作起来还是相当敬业专注的，既讲求科学性又有想象力。法国人的单位时间生产率在西方各国中是最高的。在核电、飞机、军工、农业以及奢侈品等行业法国均领先于世界，这难道是懒出来的？所以不能光看见他们在街头小馆悠闲地读报喝咖啡，看不见他们在办公室埋头苦干。

法国人傲慢？

对法国人傲慢的印象由何而来我还真猜不透。从我这几年与法国人接触的经验来看，法国绝对是地球上最有礼貌的国家之一。不论你走进的是大酒店、大商场还是面包店、小杂货铺，都会受到“你好”“谢谢”“祝您今天愉快”“再见”的礼遇。若是去相熟的店铺彼此间更会热情友好地寒暄攀谈一番。邻里间在走廊过道碰面会互致问候。陌生人于电梯小径狭路相逢也会彼此问好。在法国不懂打招呼的只有两种情况，一是精神疾病，二是智力障碍。正常人走进一个房间而不说你好被视作一种有敌意的行为。此外，火车站、地铁站遇上行动不便或行李多的旅客总有人施以援手。托马也常帮人拎个箱子搭把手什么的，再自然不过了。街头迷路时更有人主动上前提供帮助。我作为方向感为零的人就曾多次得到陌生人主动热情的指路。法国是世界排名第一的旅游大国。根据最新调查显示，85% 的外国游客对法国人的招待感到满意，82% 的感谢法国人的帮助，80% 的觉得法国人和善。还有比统计数字更客观的吗？

法国人花心？

都说法国人浪漫。说客气点是浪漫，说不客气点那就是花心。说得就好像法国人都把婚外情当消遣似的。事实上法国的婚外情比例并不比其他西方国家高。法国这个全球人眼中的浪漫国家比人们想象中要保守得多。寻常法国民众浪漫的对象都是自己的伴侣。一束不期而至的鲜花，一份精心挑选的生日礼物，假日里彼此相携的花园野餐……像总统奥朗德那样背着正牌女友偷偷摸摸私会新女友的毕竟不是主流。法国民风开化，社会包容度高。法律允许同性结婚，亦有相关法律针对不婚而有长期稳定伴侣者。到了所谓的大龄不结婚不会被父母长辈逼婚，没结婚生小孩也不会被三姑六婆说闲话。总之可以理直气壮地做自己。但这份理直气壮可不包括婚外情。前段时间一家帮已婚人士寻找婚外情的网站就在法国惹上了麻烦。其推出的系列广告引起了大众的强烈反对和抗议，甚至导致了一场全国性的大讨论。法国天主教家庭协会将该网站的美国出版人告上了法庭。称如此不道德的广告违背了《民法典》的相关条款，威胁了婚姻的神圣性。结果广告立即遭到了撤销。为不忠付出惨重代价的代表人物还得说国际货币

基金组织前总裁多米尼克·斯特劳斯·卡恩。一度成为法国总统最热门人选的他因沉迷性派对及卷入性侵案，不仅葬送了自己的婚姻还毁掉了政治前程。所以说花心有风险，出轨需谨慎。关于浪漫这回事，法国人自己是怎么想的呢？他们十之八九会说没觉得法国人浪漫呀，意大利人那才浪漫呢。

法国人不说英语？

去法国以前听过不少谣传，说什么法国人瞧不起英语也没几个会说英语的，你要是跟他用英语聊天他都懒得搭理你。实地考察以后发现压根儿没那回事。人家法国学校也设置了英语课程，受过基础教育的人多

少都会讲些英语。举个身边的例子，托马作为一个百分百的法国人，英语说得就杠杠的。为什么法国不像北欧几个国家那样将英语作为第二语言呢？因为没有这个必要呀。欧洲本来将法语作为官方语言的国家就比将英语作为官方语言的国家多。法国的影视、出版业又格外发达，法国人也就用不着天天追英剧、美剧了。不过法国人倒也没瞧不起英语。我法语不灵光那会儿碰上会讲英语的法国人都挺乐意用英语跟我交流的，有些觉得自己英语不够用还跟我说不好意思。托马的姥姥在世时常打越洋电话来跟我用英语聊天。帮我做产前培训的助产士姑娘还开心地告诉我，“我爸爸妈妈要是知道我能用英语做培训肯定会很骄傲的！”

法国人从早餐就开始喝红酒？

不管哪个国家，从早餐就开始喝酒的估计都得是酒鬼吧？一份典型的法式早餐只是简简单单一个牛角面包配一杯咖啡或橙汁，不包括红酒。法国的确是历史悠久、举世闻名的红酒产地，相比咱们的二锅头或日本清酒，法国人也的确偏爱红酒。但普通人谁天天喝酒呢？顶多就周末、假日或聚会时喝些罢了。喝红酒时也不会豪气干云地接连干杯，不过是与菜式搭配小酌怡情而已。顺便说一句，法国人吸烟的比例也不高，法国烟多贵呀！听过不少红酒有益健康的话，诸如红酒富含 N 种营养物质和微量元素，外可驻颜、减肥，内可帮助消化、对抗心脑血管疾病。反正是自从喝了红酒腰不酸了，背不痛了，腿也不抽筋了，走路也

有劲了。身体倍儿棒，吃嘛嘛香！这包治百病的神奇疗效简直堪比江湖传说中的大力丸。说实在话红酒要真有这个作用，那头疼脑热还上医院干嘛？买瓶红酒喝不就行了。假如说红酒真有那么点保健作用的话，那靠吃葡萄不吐葡萄皮就能轻松达到。那些把红酒吹得天花乱坠的说辞，您确定不是酒商为了推销而联合“专家”忽悠您的？

法国人爱吃青蛙？

都说法国人爱吃青蛙，英国人还因此给法国人起了个“青蛙”的外号，多少也是为了报法国人嘲笑他们是“烤牛肉”的一箭之仇。青蛙生长在温润潮湿的池塘地带，吃青蛙主要吃蛙腿。鲜嫩爽滑的蛙腿不论煎炒烹炸烧烤熬汤都相当美味。童年时我吃过奶奶炒的青椒蛙腿，印象深刻。法国的不少亚洲自助餐厅也常备一道蛙腿菜。不过普通法国家庭的家常菜极难觅到青蛙的倩影，托马长这么大就一次青蛙都没吃过。绝大部分法国餐厅的菜单也跟青蛙没什么关系。只有法国东北部以矿泉水出名的小镇维特（Vittel）对青蛙情有独钟。小镇不仅举办一年一度热闹隆重的青蛙美食节，还成立了蛙腿美食家协会，并且要评选“青蛙小姐”。“青蛙小姐”又被称为“蛙腿小姐”，其评选标准顾名思义必须有青蛙般匀称健美的双腿。目前倒没听说要考核候选女士们跳高、跳远这类弹跳类项目，看来所谓蛙腿还是只求形似吧。归根结底，说法国人都爱吃青蛙就跟说中国人都爱吃蛇一样，犯了以偏概全的错。

法国人不爱吃快餐？

市面上流传的说法是法国人吃顿饭就得花三四个小时，从开胃小食到餐后甜点一道道吃下来最后还得悠闲地啜饮杯咖啡。现实中的法国人要真这么吃那这一天就甭想下餐桌了。法国的麦当劳、肯德基、赛百味不比其他国家少，法国还有本土的快餐连锁店 Quick，难道都是外国游客去捧场？最新调查显示法国人每周 16% 的午餐吃的是快餐。一份汉堡或三明治外加一杯饮料和小甜点成为最适合上班族的午餐。只不过快餐店价格稍贵，不少人改去面包店或超市解决午餐。说实在话法国面包店做的三明治比赛百味好吃太多了。烤得外层酥脆内里绵软的法棍一剖两开，抹上香浓幼滑的黄油，再夹上各式火腿、奶酪、沙拉、番茄……做法虽然简单味道却一点儿不含糊。有时候赶火车来不及吃饭我跟托马就会在火车站的面包店买个罂粟籽帕玛火腿三明治。对我们而言这款三明治更多是种在路上的味道。英国人问法国人："你们在法国天天吃法国大餐吗？"法国人说："当然不是啦，难道你们在英国天天吃炸鱼薯条！"英国人回答："是啊。"

法国人不讲卫生？

法国人不讲卫生吗？那好像是中世纪的老皇历了吧。那时候法国自王室贵族到平民百姓家里边都没厕所，普遍在壁炉解决内急。现如今法国人不仅家里有了洗手间，公共场所还有公共厕所。这些公共厕所维护得干净整洁，各项卫生设施齐全。您要是到法国旅行，保准不会遇上找不到厕所的危险。话说当年杨贵妃"春寒赐浴华清池，温泉水滑洗凝脂"时，法国人还将洗澡视为洪水猛兽呢。现在您可以放心了，法国人民已经不害怕洗澡了。现代法国女人平均每天花 46 分钟管理个人卫生，法国男人则为 31 分钟。当初为了掩盖体臭而发明的香水则一直用到了今天。不少人香水喷得还格外慷慨，一公里之外都能闻到他（她）的存在感。还有人说法国女人不爱祛腋毛。这个……好奇说这话的人是怎么统计出来的？

看漫画的都是小孩子？

都知道日本漫画业发达，殊不知法国的漫画历史也极为悠久。世界上第一本漫画杂志就是 1830 年在法国诞生的，名为《漫画》。漫画在欧洲被尊崇为第九艺术，欧洲最大的漫画节安古兰漫画节也是在法国创立和举办的。与亚洲漫画不同的是，法国的漫画绘本大多是 16 开的全彩硬壳书，而且看漫画的也多半是大叔。这些漫画风格或前卫或复古或抽象或写实，题材亦包括讽刺、时政、幽默等。每年法国出版的漫画超过 7000 种，从孩童到老人都能找到适合自己的。托马也有追看了多年的漫画系列。“作为一种介于文字与绘画之间的载体，漫画有它自己独特的魅力”，托马说。

行政部门繁文缛节是社会主义专利？

法国有一个地方跟中国特像，但凡跟行政部门打交道繁文缛节就特别多。申请签证啊，更新居留权啊，需要准备的文件多到令人头晕眼花。这可以说是个历史遗留问题，能追溯到“太阳王”路易十四时期。这是他当年为了加强对地方统治、巩固中央集权而做的改革措施，谁料一直影响到了今日。幸亏这些国家行政机关的工作人员工作效率比较高，工作态度也比较好，如此便避免了不少牢骚。

法国人的标配是穿水手服、戴贝雷帽，一手红酒一手法棍？

您确定不是在漫画里看见的？反正我在现实生活中一次都没见过这样的法国人。您要是有幸遇上请一定通知我去围观。

FRANCE
NON-PRETENTIOUS
GUIDE

第二章

法国必备生存技能

1. 租房

不论工作还是留学，旅行还是旅居，长期生活还是短期停留，到法国面临的第一件事当然是租房。租到一套合心意的房子，就仿佛为自己在异乡建起了一处安全宁静的港湾。乡愁都会因之而淡一些吧？

租房第一步，找房源。通常有两种方式：一种是从网上找房，比如 www.leboncoin.fr。这个网站就相当于法国的 58 同城，不仅有租赁房屋方面的信息，还能买卖二手物品。广为人知，相当靠谱，我跟托马租房、卖车都用它。另一种是通过中介找房，比如 century21（21 世纪不动产）这样的连锁店，正规可靠。不过相较网站的免费，这就得付一笔中介费了。

常见的房型有 Maison（别墅）和 Appartement（公寓）两种。另可根据自身需要选择是否带车库、花园、家具等。看到感兴趣的房子与房东或中介预约看房。看房时需要注意的情况在哪个国家都是相通的。诸如考察房屋周边环境、交通以及室内配套设施等。记得带上个人证件等材料，同时也查验下房东的。

看房后感觉各方面都符合自己的期待就该签合同了。合同一式两份。有效的房屋合同应该包括租赁双方个人信息；房屋的地址、面积、设备；所租房屋用途；合同有效期；租金、押金；双方权利义务以及签

名、日期等。除了需要交付房东押金、租金（含物业费）外，还得提供身份证件和前住址。房东要求的话再提供一份最后3个月的工资单，以证明支付租金的能力，原则上工资最少得是房租的3倍。租房要交税，但工资若低于法定标准国家会发房补。留学生租房也可以申请房补。此外房客必须为所租房屋买一份保险。与国内不同的是电费（EDF）要由房客以自己的名字去申请办理。这份电费资料格外重要，它就相当于在法国合法居住的证明，办理大事小情可都缺不了它。

签署合同后入住前房客与房东还要共同做一次房屋状况检查。水表电表的数字写清楚了。房屋有什么破损需要维修的地方双方都心明眼亮。当然退租时房客也得将房屋打扫洁净，完璧归赵。到这儿该做的就都做完了，可以安心入住了。

租房谈不上淡季旺季，只是夏末时节搬家的比较多。法国的房屋租赁合同分短期和长期两种。短期的家具电器齐全，合同一般一年一签。长期的合同一般都在 3 年以上，这种情况房东是不提供家具的，到手的只有空房。但是如果房客想重新粉刷或修缮房屋，房东负责提供一切所需材料。根据法律规定，就算房客不按时付租金房东也极难将其扫地出门。现实中这样的例子也不少见。长租房的房东还真不是那么容易当的呢。难怪租房时他们特别审慎，就怕遇人不淑。作为房客任何时候退租都行，只要按照合同规定提前告知房东。作为房东只有在合同到期时才有权终止租赁。法律规定冬季 3 个月里就算房客拖欠租金也不能收回房子。哎，得是多想不开的人才在法国投资房产收租啊？

法国房东也有扬眉吐气的，那就是巴黎的房东。一房难求的滋味到了巴黎才真正尝到。小型公寓最受欢迎，往往你还没参观完呢房子已被别人租去了。想要在巴黎租房，在常规文件的基础上求租者还得提供亲属担保、工资单、工作合同及所有证明文件。文件收集齐全后精心制成厚厚一沓求租书，以期得到房东的青睐。这还不算完，接下来还要通过面试。这是租房呢还是找工作呢？话说在巴黎找个工作都没这么复杂。托马还遇上过一回组团看房的。当时一位男士很友好地告诉他，"甭填表了没戏了，听说租给谁已经内定了。"托马一听亏得这位竞争者告诉了，要不还在这儿浪费时间呢。道谢离开后他越琢磨越不对劲，要真内定了那他怎么不走呢？不战而屈人之兵，那家伙自学过《孙子兵法》吧？在巴黎租房真是什么奇葩事都能碰上。前几年有位巴黎的房东就因为所租房屋太迷你而惹上了官司。法律规定不能出租低于 9 平方米的房屋。而他以每月 450 欧元的价格将一间低矮的 4 平方米房屋租了出去。房客在屋里站着时得低头，躺着时得蜷腿。谁说只有中国香港才有"棺材"屋呢。

在法国没钱能租房吗？当然能啦！还有一种为房东工作换取免费住房的方式。这类工作通常包括房屋维修、家教、保姆、购物、做饭等。也有比较特别的情况，一位年老妇人免费提供她隔壁的房子给人居住，就为了旁边有个邻居增加安全感。另一则免费提供住房的广告称应租者必须有两个以上的适龄小孩，因为当地小学缺生源眼看就要关门儿了。

此外还有种免费拥有住房的办法，但是绝不推荐使用，那就是强占。假如房屋被非法强占，房主只有 48 小时报告警方及相关机构。超过 48 小时的话只能请律师并遵循一整套法定程序才能驱逐强占者要回自己的房子。法国的法律保护的是需要房子居住的人。这一情况下强占者几乎被视为拖欠租金的房客，法律保护的居然是他们。发生过这样的事，一位女士去度假归来发现进不去家门了，原来房子已被强占。强占者还在大门前挂了个牌子标明自打几月几日入住的，显然他们对 48 小时规则门儿清啊。女房主意欲推门而入讨个说法，强占者提醒她："姐，您强行进入的话可是违法的哟。"无奈之下女房主只能找律师去了，法律裁决归还房子之前她还有几个月的时间需要等待……

2. 法国超市走一圈

法国有这么句俗语，"从前的圣殿是教堂，今日的圣殿是超市"。为什么这么说呢？历史上法国曾是天主教国家，星期天人们都会聚集于教堂祈祷。如今则变成了星期五的傍晚人们都赶去超市采购！

法国的第一家超市开业于 1931 年，名为"Prisunic"。这也是世界上最早的连锁超市，于 20 世纪 90 年代被超市 Monoprix 收购。有趣的是两家超市的名字意思一样，都是"一个价格"的意思。

当下法国的超市按照规模大致可以分为小型超市、中型超市和大型超市三种。小型超市分布于城市市区、小镇中心各处，通常有 Carrefour City、Utile、Vival、Spar、Simply Market、Leader Price 等。这些小型超市一般都是大型超市的旗下品牌。比如，Carrefour City 隶属于 Carrefour 集团；Utile 隶属于 U 集团；Simply Market 隶属于 Auchan 集团。相比大型超市，小型超市商品价格稍贵，但营业时间占优势，有些周日也开门。我跟托马房车旅行到阿尔卑斯山的滑雪胜地拉普拉涅（La Plagne）时，雪山上的超市只有 Spar，可节假日也开门营业，相当方便。中型超市诸如 Casino、Intermarché、Super U、Carrefour market 等，通常开在市区之外，需要开车前往，商品价格则比小型超市低廉。所谓大型超市，特点首先当然是一个“大”字。一部分超市名称前有“Hyper”字样，比

如 Hyper U、Hyper Casino 等。有些虽然没有“Hyper”字样但同样规模惊人，我们就见过堪比飞机场大小的 E.LECLERC，此外还有 Auchan、Carrefour 等。想当年全家老少一起逛超市就像个消遣，是件新鲜有趣的事。现如今则有越来越多的超市“Drive”（开车）出现。忙碌的人们登录超市网站选购所需，超市员工将其网购的商品装袋备好，顾客开车到超市拎了袋子就走，图的是个快捷。不同品牌超市之间的竞争相当激烈。E.LECLERC 的 Drive 正好开在了 Carrefour 超市隔壁，而 Carrefour 的广告招牌则不巧立在了 E.LECLERC 卖场旁边。

我跟托马漫游北欧邂逅了魔幻的北极光和童话般的驯鹿，唯一小小的缺憾就是北欧几国的超市实在乏善可陈。法国的超市则完全不会令人失望，特别是对吃货而言。光是想想满满摆放着几十种火腿和上百种奶酪整面墙那么大的货架就已经让人食指大动了。海鲜区冒着冷雾的冰块上铺展着鲜嫩的鳕鱼、三文鱼、甜虾、螃蟹、贻贝、蜗牛；熟食区是品种丰富的超市自制菜肴——油润的烤鸡、香酥的咸肉派、海鲜饭、库斯库斯乃至越南春卷；甜点区的各色法棍、面包、蛋糕、饼干、水果派也是超市自制的，有些超市面包师傅的手艺不输面包店呢；罐头区可以买到相当美味的罐装卡苏菜、火腿酱、鹅肝酱、油封鸭、意大利饺子等。买上几罐放橱柜里备个不时之需，绝对不算委屈自己的胃；蔬菜水果区从本地的水蜜桃到智利的牛油果都能买到。其中相当一部分蔬菜水果的产地在西班牙，价格与口感都要低于法国本国产的，因为法国农业执行的相关标准要高于欧盟制定的。法国超市里卖一种朝鲜蓟，我在国内超市还真没见过。法国人挺爱吃，不知是否因此它又得了个法国百合的别名。长相近似于寺庙里的莲花灯，一般蒸蒸就吃了。叶子一片片剥下来，只吸吮叶子底部及菜心的软组织。这道菜挺适合吝啬的人吃，因为它是唯一越吃越多的菜；盒装的饼干、蛋糕、酸奶、果酱、巧克力品种繁多到会令人患上选择困难症。有次在布鲁塞尔转机我们在飞机场买了比利时有名的华夫饼，一看包装袋居然是法国制造的。还有种法国特产的栗子蓉，香甜柔滑，栗香浓郁，也是不可错过的美味；超市里还有个亚洲食品区，各种方便面、乌冬面、泰国香米、日本酱油、中国醋都可以在这里找到。要是嫌品种不够丰富的话还可以不时去专门的亚洲超市采购一番，犒劳下思乡的胃。谁说西方人不吃动物内脏的？法国超市里牛肾、鸭肝甚至羊脑我都见过，最匪夷所思的是竟然还有马肉！真空塑料包装牛扒大小的一块块鲜红马肉放在羊肉和香肠旁边，一副理所当然的样子。我至今还没尝试过马肉，但听托马说味道不错。

法国超市都有自有品牌，从橙汁到尿不湿到服装无所不包。因为喜欢有机食品的人数量庞大，法国超市还设有有机食品专区。有机的蔬菜水果自然少不了，连有机的牛肉、烟熏三文鱼、曲奇、巧克力、婴儿奶粉什么的也应有尽有。法国的超市也有购物班车，超市停车场边上还有同品牌的加油站，加油站同时售卖各种型号大小的煤气罐。开车去超市购物顺便加油、换煤气罐，一站式解决日常所需。超市都可以免费办理会员卡，跟国内一样不时有打折、积分换购的活动。在法国超市结账除了现金和银行卡外还能用支票。支票在法国用途广泛，人人都有支票本。就算只是去肉铺买两片火腿也能用支票结账，如果不嫌填写支票麻烦的话。

下面再分别介绍下不同超市的特点。

Carrefour

1995 年 Carrefour 进驻天津，这是天津百姓与大型连锁超市的第一次亲密接触。超市开在学校附近，于是我跟小伙伴们也去围观了。卖场大得不可思议，穿着旱冰鞋的服务员在顾客身边穿梭往复。货架上琳琅满目的商品供人随意挑选，糖果都用大木桶来装，我还第一次见识了模样滑稽、像根长棍子的面包。人们的脸上写满了兴奋与好奇，个个都像进了糖果店的孩童。还记得那天离开超市时，小伙伴们人手一只法棍面包。

法国的 Carrefour 是欧洲第一大零售商，世界第二大国际化零售连锁集团。从大型超市到小型便利店遍布法国各地。Carrefour 的卖场布置得比大多数超市漂亮，其自有服装品牌 Tex 也不那么明显地像超市货。虽然 Carrefour 的价格稍贵，但是购物体验要更好一些。国内的 Carrefour 管理方面不可同日而语，竟然还被曝光过修改产品的生产日期，实在遗憾。

Auchan

Auchan 是法国第二、欧洲第六的大型跨国连锁超市，创立于 1961 年。各大城市都有店面，目前也扩展到了中国。超市主打“物美价廉”，也算做到了名副其实。不过超市布局没 Carrefour 那么赏心悦目，我们去过的次数屈指可数。

Intermarché

Intermarché 创立时间比 Carrefour、Auchan 晚，不过如今在法国也拥有近两千家分店了，20 世纪 90 年代起还开始向欧洲其他国家扩展。市中心有便利店，市郊有大型超市，乡下地方则有中型超市。离我们村儿最近的超市就是 Intermarché，是家没什么明显优点也没什么明显缺点的超市。

U 集团

U 集团的超市按由大到小的顺序分为 Hyper U、Super U、Marché U 和 Utile。其中绝大部分是 Super U。其特色是本地食品所占比例高于其他超市。

Monoprix

Monoprix 是超市中的一个特例。其他法国超市都只有一层楼，只有它分几层楼。作为一家中型超市它不在市郊却在市中心。超市建筑自然也不是那些毫无美感的实用性仓库，往往是年代久远造型优美的石头房子。经营范围从食品、日常用品到服饰、化妆品一应俱全。别的法国超市周日休息，节假日也不上班，关门时间又早。Monoprix 就算节假日也会开门到中午，平时营业时间也长，在巴黎时我们晚间都去 Monoprix 买饮料喝。拥有这么多优势，所以就算商品价格高些顾客们也心甘情愿。

LiDL 和 ALDI

廉价超市的代表 LiDL 和 ALDI 都是德国品牌。这两家超市做了件厉害的事，就是联手将美国的沃尔玛赶出了德国。它们针对低收入群体，得了个别称叫“穷人的超市”。超市沿袭德国简约高效的风格，不像法国超市那么注重商品的展示与美观。商品价格虽低，但一分钱一分货的道理可是全球通行的。

还有个德国品牌超市 METRO（麦德龙）也将生意做到了法国，不过商铺数量跟它的两个德国同行可比不了。我跟托马在德国旅行时去过一次 METRO，被告知必须先办会员卡再消费。不过想买盒牛奶而已，却不得不复印了护照填了一系列的表。经此一役，至今我们也没鼓起勇气去法国的 METRO 呢。

E.LECLERC

最好的留到最后。E.LECLERC 才是我们的超市首选，它也当选为法国民众最喜欢的超市。什么叫物美价廉？到了 E.LECLERC 才知道。谁说的网购最便宜？同样的商品从亚马逊买就比 E.LECLERC 贵。连 E.LECLERC 加油站的油都比别家超市便宜。超市不仅价格低廉，店面规模、服务水准、商品质量等方面也都可圈可点。超市自有品牌 Marque Repère、Eco+ 和有机品牌 Bio Village 在保证质优的同时价格又比其他品牌低了一大截。E.LECLERC 超市的书店比不少专业书店的书还齐全，我跟托马常带艾米莉去买童书。然后在超市选一个现烤的比萨，自助榨汁机榨一大瓶新鲜橙汁，带去森林野餐。又是简单美好的一天！

3. 在法国开车

开车

2000 年前罗马人入侵高卢，当时法国所有的城镇就已有公路相连。以里昂为中心——这也是里昂被称为小巴黎的缘由。全部公路皆通往罗马城，也是从那会儿开始法国人迷路时讲起了“条条大路通罗马”这句谚语。法国逐渐以拥有欧洲为数最多的公路而闻名。发达的公路像密密匝匝的蛛网从巴黎扩散至全国。高速公路四通八达自不必说，还有难以计数的乡间小路贯穿全法。周末假日不少法国人喜欢驱车于这些可爱的乡间小路欣赏下路过的风景。古老的石桥、潺潺的小溪、碧绿的原野、悠闲的牛羊。顺便还可探访下遍布小村庄间几百上千年历史的教堂和城堡。在法国，除去上下班，汽车最主要的用途就是旅行了。夏季里高速公路上排满了开往法国南部度假的房车和大篷车。

寻常的法国上班族家庭都有两辆车。一辆小车上下班用，还有一辆大点的车度假用。父母双方要是都工作的话那大车就身兼两职。不少人车库里还有辆古董车，从家族中继承下来或自己购置的，周末时躲在车库里敲敲打打一整天是他们喜欢的休闲方式。古董车不会被当作每天的代步工具，长途公路旅行当然也不会选它。偶尔开出来兜个风换个心情倒是挺好，此外就是参加一些古董车俱乐部举办的活动，古董车主题婚礼上凑个热闹什么的。法国是世界上最早制造汽车的国家之一，淘一辆价格合理、年代久远的古董车不是件难事。

法国人选车讲求务实，鲜有买豪车炫富的。我们村儿住着的几位隐形富豪开的都是再普通不过的车。此外，开本国车的法国人挺多，不少人的第一辆车都是标致 207 这类。雷诺的 Twingo 更是法国的国民车，特别是老款的格外受欢迎。确实有不少法国人开小车，但也不像电影里演的那么夸张。小车省油且停车容易，在大城市的市中心就更显出小车的优势来了。遇上狭小的停车位身怀绝技的法国人把车前顶一顶后推一推就挤进去了。在图卢兹市中心我们就见识过一位妙龄女郎将车停进了本来比自己车子还小的停车位。虽然个别人停车有些剽悍，但绝大多数法国人开起车来还是相当文明的。不仅礼让行人，也会保持合理车速而不影响其他驾驶者。

在法国年满 16 岁可以考一种特殊的汽车驾照，用这种驾照开车时副驾驶位必须有一位家长陪同。16 岁也可以考摩托车驾照，所驾车型限制于 125CC、13 马力以下。到了 18 岁就可以考正常的汽车驾照了，但摩托车仍限制于 100 马力以下。法国的高速公路限速 130 千米 / 小时，缴费站使用银行卡或现金自助缴费，另外也有大量免费的高速公路。有些法国人买了跑车会去邻居德国飙车，因为德国高速公路不限速。此外，法国的国道限速 110 千米 / 小时，省际公路一般限速 90 千米 / 小时。我跟托马房车旅行到挪威时发现他们的国道竟然跟法国的乡间小路似的，而且长得仿佛没有尽头，开不完地开。看来把挪威称为北欧“小”国实在是个不小的误会。

法国的公路普遍宽敞平坦，路旁的花草也勤于维护。路牌设置合理，指示清楚，没有 GPS 的话依照路牌走也能顺利到达目的地。在法国的开车体验还是挺轻松愉悦的，如果没被雷达测到超速的话。2015 年这些道路上的自动雷达给法国政府赚了将近 8 亿欧元，这可是份稳赚不赔的生意。缺钱时把雷达参数调紧点，多拍几个违章，比提税还管用呢。除了固定雷达，法国还有移动雷达以及警察抽检。如果你看到迎面而来的车对你闪车灯，那就是在警告你前方不远处有警察在抽检。法国人传承下来“人人为我，我为人人”的守望相助精神都用在防备警察上了。法国公路还有个特点就是环岛多。几十年前国家取消了数量庞大的交通灯改建环岛。这样做虽然耗资更多但省下了民众等待红绿灯的时间，提高了效率。需要注意的是驾驶者进入环岛时没有优先权，要让路给已经在环岛中的车辆。

租车

在法国租车是件简单直接的事，只需要一张银行卡和有效驾照。持有中国驾照来法国租车的话还需要将驾照翻译和公证。一般人们都会选择去大型连锁租车公司租车，诸如 Hertz、Avis、Europcar 等。去之前最好预约，一来提早订下合适的车型，二来预订往往有折扣。根据自身需求选择是否有公里数限制，没有限制的价格当然高些。加些费用的话也可选择异地还车。有的租车公司还对 25 岁以下青年有所限制，租车前应该打听清楚了。

现在来说说租车的理由吧。比如刚在飞机场落地，在机场租辆车开回家可能比乘出租车便宜不少；有时候自己的车拿去修理了，那几天可以租辆车代步；有些人在大城市工作生活，平日里搭乘地铁、公交车这样的公共交通工具也就用不着买私家车了，周末、假日想做个公路旅行的话临时租一辆车就行；很多人打算购买某款车前会先去租这种车型试开下，看看是否符合自己的期待；在超市买了大件物品可以顺便在超市的租车店租辆车拉回家，这种情况通常可以按小时计租，相当便宜。

买车

买车有三个选择——买新车、在车行买二手车以及从私人手中买二手车。

从车行买车的话自己没什么可做的，车行都代办了。价格比从私人手中买贵一点，但一般车行会送半年至一年的车辆保险，买得放心。此外从车行买车的一大优势是容易获得银行贷款。只要提供给车行购车者的身份证件及最后 3 个月的工资单，基本上不用多少首付，就能把车开回家了。

从车主手中直接买车的话就要费点心了，什么都得自己办。假如车龄超过 5 年，车主卖车前 6 个月内必须做一个全面的车检。买车时记得索要这份车检合格证，缺了它的话车辆是不允许在公路行驶的。买车前还应该上相关网站或买份《cote de l'occasion》杂志查询车辆的市场价格，做到心中有数。每年这本杂志都会更新所有品牌、车况的二手车价格。此外，还有其他影响车辆价格的因素。比如车辆每年行驶的公里数过高，超过 15000 千米 / 年的话就该划划价了。真正的“二手”车比三手、四手价格稍高，理论上讲真正的“二手”车车况维护得要好些。说到车况的维护，所有常规保养和换油的收据都应该提供给买家，否则的话又该划划价了。如果所买的二手车价格昂贵，安全起见还是找专业人士来给车做个检查吧。

法国人没有非买新车不可的心态，也没有人嫌弃二手车。法国的二手车市场相当发达，选择很多。当然了购买时得多加小心，因为可能会遇上隐藏着的零件失效或发动机损坏。真遇上一辆各方面都满意的二手车也别急着付款，得先做个路检。听说过不少没做路检就把车买下的坑爹故事了。有的车倒挡不工作，有的车无论如何也提不到一个可以接受的车速。

卖车

很多法国人经历过卖车这项有趣的冒险。过去的两年间我跟托马就卖过两辆房车和一辆摩托车。

卖车的第一步是修好车辆所有的毛病。然后去车行做个常规保养，《保养手册》盖章。这条虽非强制要求，但盖章齐全的肯定更好卖。最重要的是必须得通过车检（contrôle technique）。通过车检且丝毫小毛病都没有的车辆会得到“vierge”（处女）标注，这就意味着更容易找到买家。接下来要去相关网站或杂志上根据车辆具体情况查询它的市场价。当然最终定价的是车主自己，但至于能不能卖出去就不取决于他了。有些人总喜欢毫无缘故地将价格定得过高，要知道法国的骗子也太多，傻子不够用了。再下一步就是在网上或车辆期刊上刊登卖车广告了。也可以在自己住所周边的店铺发些卖车传单，店铺里都有一面专门贴这类广告的墙。

没多少人用专门的汽车网站卖车，通常都用 www.leboncoin.fr，这个网站几乎什么都卖。在网站发广告免费，也正因此人们就开始天马行空了。我们读到过这样的卖车广告：

“出售车载音响，价格 15070 欧元，随赠一台漂亮的标致 408。”

“我的车曾英勇地与墙作战，并于前额留下一道疤。”

“我这车有 42 个安全气囊，还有专门检测动物横穿马路的雷达，座椅是疯牛皮的。”

“打算与我的旧车离婚，因为我看上了一辆新的。不过这辆旧车还是会令某人开心的，以一个有意思的价格。”

4. 法国的公共交通

公共汽车

法国的公共交通起始于公共马车，算是公共汽车的鼻祖了。当年乘坐公共马车横穿法国得花上 19 天时间。随着技术的改进，后来横穿法国的时间缩减到了先前的一半。乘坐公共马车可以去往法国的所有城市，为人们的旅行提供了很大方便。长达数天的旅途中与来自不同背景的陌生人共享狭小的马车车厢亦引发了不少或欢乐或伤感的故事。法国“短篇小说大师”莫泊桑还因此被激发了灵感创作出其代表作《羊脂球》。1870 年普法战争爆发，普鲁

士军队攻占鲁昂。同乘一辆公共马车出逃的十人中有议员，有奸商，有修女，也有妓女。浓缩的空间里，法国社会的政界、商界、教会及底层代表齐聚一堂。他们上演了一场虚伪、自私、冷漠对善良、正义的集体暴力事件。所谓的卑贱与高贵，往往并非看上去的那样。

当下的法国拥有发达的公交网。从清晨到晚间都有公共汽车穿梭于城市的各个角落。车站设置频密，且贯通了各近郊地区。越来越多的城市还修建起了有轨电车，绿色环保。城市之间则有长途公共汽车。托马小时候搭过一次长途车，当时车内已配备了洗手间。跟火车一样，法国的公共汽车也有时刻表，即使交通繁忙时分也严格按照时刻表运营。乘客算准时间再去车站，减少了盲目等候的时间。出于环保与交通的考虑，政府鼓励民众搭乘公共交通工具。也确实有不少法国人乘坐公共汽车上班、上学。我跟托马一起则只在佩里格搭过一次公共汽车，车厢宽敞整洁，与马车时代不可同日而语了。

出租车

听说法国的出租车又贵又粗鲁，我们的亲身经历证明这绝不是事实。说起来我跟托马这两年只乘过两次出租车，一次在巴黎，一次在图卢兹。在巴黎乘出租车是午夜时分，从巴黎圣母院到埃菲尔铁塔。距离挺近，所以价格不高。下车前托马将包括小费在内的车费放在驾驶位旁的扶手上了。要知道在法国通常是不付小费的，特别是对出租车。谁料司机没发现车费，打开车窗冲我们喊：“这可不是免费的啊！”我们真后悔没多给他一些小费。在图卢兹那次是凌晨，我们从市中心的酒店到飞机场。司机非常有礼貌，保持微笑并帮我们提行李。不过到了飞机场一看价格真是吓一跳。因为车是预约的，所以等候的时间也计费，还得加上夜间出车产生的附加费。谁说法国的出租车又贵又粗鲁呢？事实上，法国的出租车是或者贵或者粗鲁。

普通法国人不计较私家车的品牌，但出租车却大多是“奔驰”这类贵车。车内车外干净整洁，形象倒是不错。找出租车有三种方式。一是打电话；二是去出租车站按下呼叫出租车的按钮；三是在路上拦车。不过不说你也知道，需要拦车时路过的出租车永远是满的。

整个巴黎大约有 20000 辆出租车。不过自 2011 年一些私营出租车公司开始利用网络来寻找乘客。乘客简单地用手机上网做个登记，然后就等车来接了。这些私营出租车公司廉价、有礼貌，车上还为乘客准备了瓶装水。他们的出现显然大大挑战了传统的出租车行业。要知道出租车执照价格昂贵，有时超过 30 万欧元，所以乘出租车价格不菲。这些异军突起、不领出租车执照的私营公司惹恼了出租车工会，被其告上了法庭。如今这场法律纷争仍在进行中，乘客们在贵、粗鲁与廉价、有礼貌之间也仍然拥有选择权。

火车

在公共马车之后私家车之前的这段时期，火车成为法国最主要的交通工具。其黄金时期在 19 世纪，那时候在法国无论想去哪搭上火车就去了。拿我们村 Najac 来说，人口才几百人，也有个建于 1858 年的火车站。足不出村，我们就可以搭上去往巴黎、图卢兹以及其他任何地方的火车。时移世易，盛极

一时的火车遭遇到私家车与飞机的挑战。于是 20 世纪 70 年代起法国铁路公司 SNCF——当时还归国有，开始了 TGV 高速列车计划，以期赢回乘客。20 世纪 80 年代 TGV 高速列车载客已达到 300 千米 / 小时，并于此后不断刷新世界纪录——1981 年 2 月 26 日达到 380 千米 / 小时，1990 年 5 月 18 日达到 515.3 千米 / 小时，1997 年 4 月 3 日达到 574.8 千米 / 小时。除了国内列车外，还可乘火车去往英国、德国、瑞士、意大利、西班牙等其他欧洲国家。

在法国很多火车站都摆架钢琴，谁都可以信手弹上一曲。有时素不相识的两位旅客于茫茫人海中偶然相遇，兴之所至来个四手联弹，竟然配合得天衣无缝。这是专属于火车站的浪漫。现实的一面是，乘火车出行得事先查清楚了千万别赶上铁路罢工日，地球人都知道他们有多爱罢工。火车票从网上购买要便宜很多，特别是提前一段时间的话。一天中的非高峰时段火车票也会有常规打折。有些火车站，比如我们村，还可以上了火车后再向工作人员买票。火车站不设安检，进站时只需把票插入自动检票机打印下即可。乘车时会有工作人员来查票，服务态度彬彬有礼，但查到逃票的则会罚款。有次查票时对面一位穿着落魄的年轻人被查到没买票，他说自己钱不够了。工作人员问他有多少钱，然后给他打了个大大的折扣。这种制度之下对陌生人的人情味传递出一丝社会的温暖。

地铁

法国的巴黎、马赛、里尔、里昂、鲁昂、图卢兹这六座城市建有地铁，此外拉昂还有个迷你的全自动无人驾驶地铁。

其中最值得一提的当然是巴黎的地铁，建于1900年7月，到现在都100多岁了。地铁线路繁多，站点密集，拿张地铁线路图按图索骥，即可轻松游遍巴黎名胜。服务巴黎市郊和周边小城的RER城际列车与巴黎地铁无缝对接，且通过市区时RER城际列车也跟地铁一样走地下。如果不出巴黎市区，地铁票也能用于RER城际列车，但出城就得补票了。地铁站也是巴黎一景，主题各异，别具匠心，散发着文化与艺术气息。总有卖艺者在地铁站吹拉弹唱，有些水准高到令人惊艳。星探们常去地铁站发掘可塑之才，说起来巴黎地铁站卖艺出身的知名音乐人也不是一个两个了。

地铁票可以单张买，也可以买天票、周票、月票、年票。学生买年票价格只是成人的一半，此外26岁以下的青年买青年票也有折扣。

轮船

在飞机发明前的几个世纪里轮船曾作为重要的公共交通工具而存在。当下的轮船则基本上都成了旅行度假用的邮轮。法国还有些渡轮，分布于不同城市的港口，主要穿梭于法国和英国之间的英吉利海峡。这些渡轮班次频繁，无须预订，开车去的乘客可以同车一起搭渡轮过海。相比其他交通方式，乘船还多出了几分怀旧浪漫的情怀。

2016年5月法国建成了世界上最大的邮轮“海洋和悦号”（Harmony of the seas）。船身长达362米，宽66米，高度有20层楼，可搭载6700名乘客，船员也达到了2100人。此外船上还配备了1400座的剧院、25个餐厅、23个游泳池以及篮球场、高尔夫球场、拥有1200种植物的公园和一个有机器人调酒师的仿生学酒吧。邮轮首航从英国的南安普敦出发，一路驶向欧洲文明的发源地——地中海。

飞机

人类飞行史的最初，法国就作为一名狂热的先锋而存在。先来看看他们制造了多少个飞行史上的世界第一吧。

1783年11月21日，造纸商、发明家、热气球的发明者孟格菲兄弟进行了世界上第一次载人热气球飞行。气球从巴黎西部的布洛涅林园起飞，在空中航行了25分钟，最后降落在今巴黎十三区的意大利广场附近。

1783年12月26日，卢诺尔曼在众目睽睽之下用一个直径4.3米硬木伞架的降落伞从蒙彼利埃天文台的塔上跳了下来，围观的小伙伴中还包括发明了热气球的孟格菲。降落伞由此诞生。

1852年9月24日，齐菲尔德发明的一艘安装了螺旋桨并以蒸汽机为动力的飞艇从巴黎飞到了特拉普，飞行距离27千米。这也是飞行史上首次具有持续动力的操控飞行。

1890年，天才的工程师克雷芒·阿德尔发明了人类历史上第一架飞机，即靠自身动力飞行的飞机。它向人们展示了重于空气的机器可以靠自身动力升离地面。

1907年，飞机大师路易·布雷盖及兄弟还有里歇教授共同发明了第一架直升飞机“Breguet-Richet Gyroplane No.1”。它拥有四副旋翼，每副旋翼由8片双层桨叶组成，所有旋翼中间是一台50马力的发动机。与此同时，法国人保罗·科尔尼驾驶着他发明的“飞行自行车”垂直升空，并在离地30厘米的高度悬停了20分钟。

ROYAL
ANDER CLUB

M-ARAE

1910年飞行家亨利·法布尔发明了第一架水上飞机“Fabre Hydravion”。第一次世界大战时，法布尔还创建了一家拥有两百名雇员、专门制造水上飞机的公司。

1955年5月在图卢兹，世界上第一种将引擎置于机身后段的商用喷射客机“Caravelle”首飞。这也是第一种量产的双发飞机，随后衍生出众多追随者如DC-9、MD-80系列。飞机可搭载131名乘客，直至今日仍是一款成功的喷射客机。这款飞机的发明也令法国的空中公共交通日益繁忙起来。托马年幼时，姥姥、姥爷就常搭乘飞机去看望他。那时候每当他看到天空中有飞机飞过，都觉得姥姥、姥爷在里面。

1972年10月，第一架“空客”飞机在图卢兹起飞，自此图卢兹成为欧洲航空航天中心。“空客”的诞生掀起了一场飞行史上的革命。飞机票不再昂贵得令人望而却步，有些时段和目的地搭飞机甚至比乘火车便宜。飞机作为公共交通工具成为越来越多人的选择。今时今日，法国航空及其他几家国内航空公司则受到来自英国及爱尔兰廉价航空公司的挑战。这早已是一个人人都坐得起飞机的时代。

5. 去银行开户

要说法国银行不能不先说说欧元。2002年以前法国的法定货币是法郎，由法国中央银行法兰西银行发行。2002年欧元发行后，法郎退出历史舞台。法国不再印刷、发行、流通本国货币，而是与欧元区其他国家共同使用欧元。欧元由欧洲中央银行和各欧元区国家的中央银行组成的欧洲中央银行系统负责统一管理。自罗马帝国以来欧元是欧洲货币史上最为重大的改革，是欧洲政治、经济一体化的象征。对普通民众而言，在欧元区旅游则省去了兑换货币的周折，轻松方便了许多。欧元纸币包括 500、200、100、50、20、10、5 欧元 7 种；硬币包括 2、1 欧元及 50、20、10、5、2、1 欧分八种。500 欧元和 200 欧元面值的纸币市面上不常见，拿 500 欧元纸币去购物也没商店愿意收。曾有新闻报道说一位非洲女士拿了张 500 欧元纸币去买东西，商店夸张到把警察都喊来了。最近欧盟正商议着要取消 500 欧元纸币，因为 500 欧元面值的纸币太容易被用来洗黑钱了。法国人基本上都用银行卡和支票，现金已经很少用，500 欧元面值的纸币更没什么用武之地了。

法国的银行面向所有人开放，拥有一个银行账户也是必需的。因为在某些情况下不能以现金支付，例如工资或者国家补助。国家补助不仅针对低收入群体，所有人包括富人都机会均等地享受国家补助。比方说任何拥有两个及以上小孩的家庭每个月都会收到相应金额的国家补助。款项直接转入个人银行账户。

法国人管理个人银行资金的方式通常是将几张银行卡及支票附属在同一个银行账户下。简单一个账户就拥有多种支付选择。银行卡种类繁多，主要包括蓝卡（Carte bleue）、维萨卡（Visa card）和万事达卡（Master card）3 种。每种卡额外均有金卡，可享受诸如租车打折、旅游保险这类附加服务。这些卡功能强大，卡内空空时也能再撑一段时间、支付一定金额。不过很显然，出来混迟早要还的。另外还有些不具备信用额度的基础型银行卡，只能消费预存金额。习惯超前消费的购物狂选择这种卡更安全些。

法国是世界上支票用途最广泛的国家之一，不管是去餐厅吃饭还是去商场购物法国人都喜欢用支票付款。罗马时代出借债务时需要出示官方证明文件，是为支票的前身。时下虽然方便快捷的银行卡极为普遍，但基本上还是人人都有自己的支票本。付款时从支票本撕下一页，自己填写付款金额、收款人姓名、时间、地点并签名。其中付款金额不仅要以阿拉伯数字填写，还要以法语填写。用支票付款时需要带着支票、笔，身份证也要带上以便核实身份，最好还有个写字的桌子，一项项地填写齐全，可要花上会儿工夫了。在超市排队结账时最怕遇上用支票的，尤其偏爱支票的往往还是行动缓慢的老年人。

法国主要的银行包括农业信贷银行（Crédit Agricole）、里昂信贷银行（Crédit Lyonnais）、巴黎国民银行（Banque Nationale de Paris）、巴黎巴金融公司（Compagnie Financière de Paribas）、兴业银行（Société Générale）、松鼠储蓄银行（Caisse d'Epargne）、国民互助信贷银行（Crédit Mutuel）、法国大众银行（Banque Populaires）、欧洲联合银行 CIC（Union Européenne de CIC）、东方汇理银行（Banque Indosuez）等。同时法国的邮局（La Banque Postale）也是一家主要的银行。此外，几年前一些网上银行开始在法国应运而生。这些网上银行没有实

体的办公场所，客户也不会与任何银行工作人员见面交涉。一切业务都在网上发生。网上银行的申请门槛儿是每月工资达到 1200 欧元以上，如果客户有一定积蓄的话也可以灵活一些。与传统银行相比，首先网上银行更为现代，不受时间地点限制，客户用个人电脑就把事儿办了；其次网上银行的信用卡免年费，而传统银行的信用卡每年可能要交 50 欧元以上的费用；再次网上银行的存款利息比传统银行高。法国现有的网上银行有五家——Boursorama、Fortuneo、Hello Bank、ING Direct 和 Monabanq。要注意的是，各银行服务不同，收费迥异，选银行也得多方咨询，货比三家。

去银行开户需要事先预约。法国银行实行开户实名制，身份证明是必需的，此外还须出示电费单（EDF）或电话单以证明居住地址。外籍人士的话，居留证也要提供。上班族带上近三个月的工资单，银行工作人员会根据收入状况及消费预期在多种银行卡中推荐最合适的。签署开户合同后 1~2 周即可收到银行账号、银行卡和支票本。此后的每个月信箱里还会收到银行寄来的当月打印账单，核对有误的话可得及时联系银行。

6. 在法国就医，你该知道这些

早在 2000 年世界卫生组织就于《世界健康报告》中将法国评为全球医疗保障最好的国家。2014 年美国的彭博新闻社综合分析了世界各国的平均寿命、人均医疗开销、医疗服务等数据，法国依然在全球医疗条件排名中位列前茅。

虽然不能说法国的医院 100% 免费，但现实中大多数情况都如此。对上班族来说，国家通常会报销 70% 左右，剩下的部分从个人“互助保险”里出。“互助保险”每月一部分由公司上缴，另一部分从工资中自动扣除。失业者可每月从“就业中心”领取失业救济金，然后支付个人部分的“互助保险”，或者也可选择一份商业医疗保险。没有任何月收入者必须申请“通用医疗保险”，这种情况下不需缴纳个人部分的“互助保险”，百分之百免费。即便是在法国的非法居留者，都能享受医院免费的“国家医疗保险”。此外，伤残、肿瘤这样的大病百分之百免费治疗，孕期体检、生小孩也费用全免的。遇到紧急情况甚至会免费出动直升飞机来救助。我孕期体检时就目击了一场直升飞机救援行动，那份紧张惊险堪比动作电影。当时一位来法国探亲的海外领地女士早产，医生手术取出才 6 个月大体重仅 800 克的小婴儿。婴儿急需送到图卢兹的大医院抢救，很快一架直升飞机就降落在了小镇医院的停机坪。全副武装的医护人员接了需要抢救的小婴儿即刻返机飞往图卢兹。

从前有这么些人一生病就去不同的医院找不同的医生反反复复地检查，浪费了不少医疗资源。所以当下就医的程序规定首先得去看一位全科医生，也就是那些有私家小诊所的医生，不管是在城市还是在乡村。全科医生会给病人做个检查，力所能及的他就给治疗，能力之外的他会转给专科医生或医院。如若不遵循这一程序，后果是医疗费用不能全部报销，当然了严重的急症除外。可道高一尺，魔高一丈，政策一出就有人找到了对策。这些人有点头疼脑热也直奔医院看急诊。急诊室是不能拒绝任何求诊者的，如此他们便绕开了规定的程序。说起来真的不推荐这样做，既无必要，也有失厚道了。

现行的法国医疗制度中每位医疗保险的享受者都可免费获得 Vitale 通用医疗卡。这是一张存有持卡者姓名、社会保险号码等个人医疗保险信息的电子卡片。去社保中心联网的医院、诊所就医，药房买药可以直接用卡支付报销的部分。留学生到了法国后也应及时去“医疗保险基金”申领 Vitale 通用医疗卡。万一就医时忘记带 Vitale 通用医疗卡的话也没关系。自行交费后可将诊疗、药品的相关单据妥善填写寄到“医疗保险基金”。不久就医者便会收到“医疗保险基金”转入其银行账户的费用了。

不管是去公立医院还是私立诊所或私人诊所通常都需要预约。私人诊所灵活性相对大些，除去医生在工作时间表上标明必须预约的时段外，都可以随时上门求诊。真有什么紧急状况发生就直接去医院 24 小时开放的急诊室，救护车还可免费接送。持有医生处方去药房“买”药也是免费的。药房的开业药剂师全都经过 6~9 年的大学学习，拥有药学博士学位，给买药的顾客提个建议什么的绝对游刃有余。

法国医生资源充足，平均每 1000 人有 3.3 名医生，远超世界平均水平。医院床位也相当充裕，平均每 1000 人有 6 个床位。生了病当天就能看上全科医生，也没听说过因为等床位而耽误治疗的。医生实施一对一诊疗，耐心负责，对每位就医者都得花上半小时时间。一位专科医生在法国需要经过 12 年培训才能拿到医生执照。大学学习 6 年后，这位将来的专科医生以实习生身份在医院进行长达 6 年的实习。一方面这会使他成为领域内的专家，另一方面国家则有了相当数量领学生工资的准医生。医生之下是护士，经过 3 年的大学学习可以成为护士。同时护士也可以成为医院管理、麻醉、精神病学等领域的专家。护士之下还有护工，大多数人都分不清护士和护工。事实上医院里的日常工作基本上都是护工在做。护士的工作主要是监控护工。医生则每天早晨在自己负责的区域巡视一圈，检查是否所有人各就其位，再跟病患们沟通下。

我是因为怀孕才开始接触法国的医疗系统的。怀孕期间孕妇可以选择在医院或找私人助产士完成一个产前培训。培训内容包括与怀孕生产相关的人体生理构造、为顺利生产做准备的孕期锻炼以及生产时的呼吸、用力方式等。我稀里糊涂地快到预产期了才想起去做培训。不过临阵磨枪正好记得清楚。说起来生小孩不仅需要强大的精神力量，也是件有技术含量的事。所以产前培训还是相当实用的。生产后的几个星期内还要去找助产士做一个产后恢复训练。这个训练也是非常有必要的，可以恢复生产时伤害到的肌肉，预防老年时出现的一系列问题。产前和产后与助产士一对一的培训分别有十节课，是完全免费的。如果孕妇有吸烟的习惯但是决定去看医生戒烟的话，国家还会发给她 300 欧元补助。孕产期除了与医生定期体检，更多的时候是与助产士打交道。法国的助产士称 sage femme，直译为明智女人，其实也有极少数的男人从事这项工作。她们经过五年的大学学习，专业素养很高，服务态度令人如沐春风。记得有一次常规孕检时发生过这样的对话。助产士问："您的腿浮肿吗？"我回答："不浮肿。""头晕吗？""不头晕。""眼睛看到星星吗？""只在我仰望夜空时。"

7. 法国打工指南

法国的劳动合同大致可分为 4 种。首先是公务员合同，数量高达 500 万占劳动者总数百 20% 的都是公务员。这类合同属于终身制，且各项福利、保护齐全。假如一名公务员的工作岗位被取消了，他不算失业而是照常领工资。一直领到国家为他找到新的工作岗位，真找不到的话就一直领到退休了；其次是与私有公司签订的终身制劳动合同（CDI），从前这种合同曾普遍存在，如今则越来越少；再次是短期劳动合同（CDD），甚至可以短到只有几个月而已；最后还有与人才中介签署的临时工劳动合同，这种情况下劳动者与用人公司之间不存在任何直接关系。中介公司与劳动者签署临时工劳动合同后将其派往用人公司工作，工作期限可能是几个星期，也可能只有 1 天或 1 小时。这类合同在年轻人及学生中大受欢迎，既是个积累工作经验的好机会，又能享有一定程度的自由。要知道如果前一年累计工作的月份达到标准的话，在两份临时工之间也有工资可领。用人公司突然间出现职位空缺时会联系人才中介，有时候一份临时工会转变成短期工甚至最后签一份终身制劳动合同。人才中介随处可见，城市、小镇，乃至大些的乡村都有。跟房产中介一样，其橱窗里贴满了各种各样的招工启事，职位、工资、工作时间、地点等信息写得清清楚楚。

当下法国社会失业率在 10% 左右，不是就业形势最好的时期，特别是对于年轻人及学历不高者而言。不过还是有适合学生的工作机会，比如餐饮业、电话推销、前台接待、看小孩，有时候大学本身也能提供工作机会。留学生想要在法国打工首先得把法语学好了，这样才有更多的机会与选择，否则就只能局限于给同胞的公司、餐馆打工了。需要注意的是，申领一年学生签证的留学生打工时间限制为不超过 964 小时，申领 6 个月签证的留学生打工时间限制为不超过 482 小时。此外，雇用留学生的雇主应于两日内到当地政府部门进行登记。假如想找一份有意思的全职工作还是得具备本科或硕士学历，这样进入职场会容易得多。法国人工成本昂贵，2015 年税后月人均工资为 2410 欧元。这些年来相当数量的法国工业、制造业将制造厂移师海外，造成国内工作机会流失。不过在银行、保险、金融、教育、管理等领域仍有不少用人需求。还有些学历要求不高但永远有用人需求的行业，比如说餐馆，他们永远在招服务员，但却不是所有人都愿意打这份工的。拥有工作的另一种方式是自谋职业。花上几个小时的时间就能注册一个雇员只有自己一人的公司。数以百万计的法国人选择这条谋生之路，比方说开着辆面包车去各个村镇卖现烤的比萨，开个修电脑的小铺子或者替人打理花园的小公司等。失业人士有权去“就业中心”（Pôle emploi）登记并免费接受时下热门行业长达数个月的培训。诸如帮助、照看残障人士和老年人这一领域就永远有用人需求。

一些具有原创精神的人，以及一些边缘人，会将工作过成一种生活方式。我跟托马在法国房车旅行时曾遇到过这样一位年轻人，20 岁出头，住在一辆自己改装成房车的面包车里。车停在有免费水电、无线网的房车服务区，傍晚时分他自己在车里煮饭吃，还有只大狗做伴。聊天中他说他的计划是开着改装的面包车按照水果采摘的时节和路线到各个农场打工。虽然在每个农场只采摘几天，但是法国有那么多农场呢，整个夏天都会忙个不停。然后整个冬天他就可以休息了，并有

“就业中心”的工资可以领。他享受这份独立自由，去不同的地方，看不同的风景，认识不同的人。在法国西北部的诺曼底他采摘苹果酒的苹果；西北部的香槟亚登大区他采摘用于酿制香槟的葡萄；中部的奥佛涅采摘草莓；南部的比利牛斯和朗格多克·鲁西永采摘甜瓜；西南部的阿基坦采摘用于酿制红酒的葡萄。这位年轻人算得上采摘水果的专家了，对哪个季节去哪个农场也门儿清。不过即便是新手，在农忙时节直接去农场，多半也会被当即录用，只要有个合法身份证明就行（有时候没有合法身份证明也行，不过那就是另一个故事了）。一天下来的采摘工作能令雇主满意的话转天那就接着来了。这类工作一般也能在网站、人才中介和“就业中心”的招聘启事中找到。签的合同与短期劳动合同

类似，称为季节工劳动合同。这类劳动合同相当灵活。采摘季结束时季节工们会将所有工作凭证汇总上交到其所属的“就业中心”，这样他们就能在冬季领取“就业中心”的工资了。这份工作的另一个好处是每份工作结束后总能得到几瓶好酒，喜欢的话还能以成本价再多买些。当下有不少年轻人选择这种工作和生活方式，暑假时更有很多学生加入采摘大军。

另有一种季节工将工作与在风景优美的旅游景点度假融合在了一起，听起来简直就是个梦。让我们来分享下托马的表妹玛侬的工作和生活。玛侬热爱旅行，不爱上学，初中毕业后读了个旅游职高。学旅游专业在法国可不难找工作，法国是世界排名第一的旅游目的地嘛。除了旅行，玛侬还喜好滑雪、冲浪、游泳、皮划艇，当然了她还是一名标准的派对动物。她给自己安排了这么两份季节工。夏季在科西嘉享受地中海的宜人气候和美丽海岸，玩各种水上运动，同时在一家餐馆打工。工作期间餐馆还提供她一套免费的单身公寓。冬季她就去阿尔卑斯山的滑雪胜地海拔 3000 米的拉普拉涅（La Plagne）的一家酒店打工，工作期间酒店也给她一套免费的单身公寓。闲时她就去滑雪，派对一场接着一场，雪山上谁都认识她。就这样认真地工作，然后尽情地游玩，青春还留什么遗憾！

8. 法国留学指南

周恩来总理青年时代乘坐“波尔多”号邮船来到法国，在巴黎公社的诞生地寻找救国救民的真理。居住在巴黎和布卢瓦的四年中，他一边学习法语，一边进行社会调查，并且通宵达旦地给《益世报》撰写通讯。他在旅欧的中国学生与工人间宣传马克思主义，还发起组织了旅欧中国社会主义青年团。在法国的留学经历成就了这位伟大政治家的探索求真之路。此外，我国留学法国的杰出人物还有邓小平、聂荣臻、徐特立、巴金、冼星海、徐悲鸿、吴冠中、艾青、戴望舒、钱钟书和杨绛夫妇……

世界上有那么多国家，每个国家有那么多大学，为什么要选择到法国留学呢？我们先来了解一下现代大学的起源。巴黎大学被称为世界大学之母，它是欧洲最早成立的大学，其前身为巴黎圣母院的索邦神学院。随着规模的扩展，神学院的教学内容扩大到了文学、法律、医学等方面。1180 年法国国王路易七世正式为其颁布了“大学”称号，此后欧洲其他大学相继成立。想当年牛津大学和剑桥大学还不存在，英国人与其他欧陆国家的人都到法国去求学。1167 年英国国王跟法国国王闹别扭，一气之下把在巴黎大学留学的英国学者全都召回国了。这些学者聚集在牛津继续从事教学研究，渐渐就发展成了牛津大学。剑桥大学据说起源于几位因学生射箭误杀妇女而遭到镇民追杀最后流落到剑桥的牛津师生。话说回来，法国拥有悠久的大学传统，在科技、医疗、艺术、文学、数学、旅游等领域都位居世界前列。目前法国的公立综合性大学总共有 90 所，分布于全国 500 多个校园。其教育体制完善，校园学术氛围浓厚，教学水准高。学成后能获得国际上广泛认可具有竞争力的文凭。加上中法两国经贸往来与科技合作频繁，就业前景广阔。法语不像英语普及率那么高，法语的语法、动词变位又比英语复杂得多。到法国留学得先下番功夫攻克语言这一关。麻烦是麻烦了点，可技不压身啊，往后的职场竞争力又多了枚筹码。热爱美食和旅行的人更加适合到法国留学，绝对会有种找到组织的感觉。此外还有重要的一点，到法国留学费用低廉，还能勤工俭学。留

学生与本国学生一样享受公立学校免费教育，且能申请奖学金及住房、医疗、交通等补贴。

法国政府对教育的资助与投入可谓巨大，所以法国的小学（école primaire）、初中（collège）、高中（lycée）和大学（université）都是免费的。只不过大学需要每年交一次注册费，在190欧元左右。假如学生家长工资低于一定标准的话，每年年初国家会给学生大约396欧元的补贴，此外每三个月还有相应数额的补助金。在一些精英学校，例如巴黎综合理工大学（école polytechnique）或巴黎高等师范学校（école normale supérieure）读书的学生不但学费全免，每个月还有工资领。

在法国每个16岁以下的人都必须上学。教育是一种信仰。每个人都拥有平等的受教育的权利，能通过教育来改变自身命运。即便平民出身，没有任何人脉关系，也能通过教育达到心中想要达到的高度，甚至成为国家的部长。唯一需要的素质便是高水准的教育。

法国大学本科3年，硕士2年，博士最少需要3年，某些领域更需要五六年才能毕业。欧洲学制基本上都如此，大部分年轻人也都会进入大学学习。法国大学与中国大学的不同之处在于进入大学没有任何考试，谁都可以去大学学习。也没有年龄限制，有些学生比老师岁数还大。即便没有高中毕业证也可以通过其他途径被允许进入大学学习。纵使大学免费，向所有人开放，但能不能升学还得靠自己啊。1 月和 6 月的期末考试后只有 1/3 的学生能顺利进入大学第二年学习。这样每年通过考试层层筛选直到硕士。有些被筛选下来的学生也不气馁，一次次地重学、再考，在学校混得比校长资格还老。每天早晨前脚把孩子送小学上课去了，自己后脚也拐进隔壁的大学上课去了。

法国大学比较流行的专业是法律和医学。法律专业头一学年只有 25% 的升学率，萨科齐他儿子留级好几回才读到第二学年。有这样的说法，法律专业是通往一切领域的途径，甚至通往电影业。不过法律专业毕业生主要还是从事法官、律师、政客、记者这类工作。医学专业的学制相当漫长，在 9 年到 12 年之间。比法律专业还难，能顺利升到第二学年的只有 10% 的学生。此外还有个专业越来越火，那就是心理学。5 年的大学学习后可以获得硕士学历及心理医生的从业执照。心理学多有意思，谁不想知道一二呢？可因为这个专业学生实在太多，加上现存的心理医生也不少，在这一领域已很难找到工作了。就算只是一个小镇，每条路上也都能找到家心理诊所。有些心理学专业的学生在大学学了 5 年后找不到工作，最后找了间技校培训一年做了水管工或面包师傅。可别瞧不起水管工和面包师傅，在法国他们属于高薪职业，工资远超心理医生。

有些人选择不去大学，而去精英学院，诸如巴黎政治学院（Sciences Po Paris）、卡尚高等师范学校（Ens de Cachan）、巴黎高等商学院（HEC）等。想进入这类精英学院通常需要在高中毕业后先去预科学校学习两年，为入学考试做准备。通过考试后才有资格进入精英学院学习。这些学生有个外号叫鼹鼠，对，就是那些在幽暗地下生活的小动物们。因为他们放了学也没空娱乐，直接就得进书房学到深夜。这些在预科学校准备考试的学生压力极大。有些人扛不住放弃了，有些人甚至患上了抑郁症。还有些没考上精英学院的转入了大学的第三学年学习。能在这类精英学院任教的老师当然也非寻常之辈，算得上是教师中的精英了。他们硕士毕业后还须通过难度极大的“agrégation”考试。其工资自然也是教师中最高的，比大学教授还要高出许多。

在法国作学生不轻松，作老师也难。想在当下法国中央集权的教育体系下谋一教职都得过关斩将，这一方面保证了法国教师队伍的出色，另一方面也造成了教师资源短缺。从前有个本科学历就能当老师了，2010 年后则提高到了硕士学历。即便只想作小学老师也得够硕士学历这个门槛儿，同时还要通过难度相当大的全国性教师资格考试。获得教师资格后不管在公立学校还是私立学校任教都属于国家公务员。想成为大学教授的常规途径则是先读一个博士学位，然后通过该领域的公务员考试；另一个办法是硕士毕业后通过“agrégation”考试；此外极优秀的博士在读生也可以兼职任教。

法国最知名的高等学府是国家行政学院（ENA：école nationale d'administration），该校的大部分毕业生都成了国家总统、国家部长以及“空客”这类大公司的高管。法国国家行政学院面向全世界开放。凡具备本科学历的学子均有资格参加入学考试，而大部分成功通过考试者都经过长达数年的准备。国家行政学院作为法国最知名的高等学府，为什么在别的国家却没有多少人知道呢？那是因为法国国家行政学院并不被视为一所大学，它也不参与全球最好大学的排行榜。不过法国国家行政学院在非洲的名气倒不小，好些非洲国家的总统都是该学院的毕业生。说起来这些也算历史遗留问题。当年法国在非洲有大量殖民地，从语言、文化到社会、经济都对这些国家影响深远。

9. 与警察打交道

不论是在中国还是在法国抑或在哪个国家，差不多所有的小男孩都梦想过当警察，成为法律的代言人去打击犯罪，拯救地球。

在法国所有的警察都是公务员。区别在于市区警察（police municipale）是由当地政府直接雇佣的，国家警察则是由内政部雇用的。想成为一名市区警察需要满足的条件包括：年龄 18 岁以上，没有上限；高中以上学历；法国公民或欧洲公民；通过国家统一考试后还得去当地政府做个面试；面试通过后接受为期 6 个月的警校培训。想成为一名国家警察要求比市区警察高些，必须是法国公民——在法国合法居住 5 年以上可申请移民；年龄 17~35 岁；高中以上学历；有驾照；体检合格；无犯罪记录——人们总说“天使可当不了警察”，就算不是天使可也不能有任何前科呀。符合条件者参加国家统一的笔试和面试。通过者在警校进行为期一年的培训后上岗。

市区警察（police municipale）受雇于当地政府，从前他们不配备武器，某种程度而言跟保安差不多，只管管违章停车这类事。国家警察开市区警察的玩笑，说他们当不上真正的警察所以找了份保安的工作。随着社会上暴力事件日渐频仍，市区警察有必要变得更为专业。最近法国修改了相关法律开始允许地方政府给市区警察配备武器。市区警察终于配上了枪，看上去越来越像国家警察。

平常人们说警察时所想的就是国家警察（police nationale）。法国所有的国家警察均配备枪械等多种武器，工作时须时刻携带。国家警察中有一部分是共和国安全部队（CRS），也就是防暴警察，总共 15000

人，负责在城市平息大规模的骚乱和暴力事件。比如遇上法国人民喜闻乐见的罢工、游行之类的，防暴警察就有用武之地了。他们的机动性和战斗力都相当强，装备也格外精良、先进。个人装备有防弹头盔、防化面具、防弹衣、护肩、护肘、护腿、护脚、轻型钢化玻璃盾牌、丁字警棍、无线步话机、手枪、步枪、声震弹及催泪瓦斯等。从头到脚全副武装，夸张得跟个宇航员似的。此外防暴部队还配备了具有防弹功能的装甲车、直升机等。这些防暴警察是从警队中精挑细选出来的，且经过六个月高强度的体能、专业和实战训练，合格者才能成为正式队员。

此外，由于市郊地区罪案猖獗，自 1994 年起国家警察队伍中又增加了缉毒大队（BAC）。他们接受的训练与武器装备都升级了，毕竟其工作的对象都是黑帮、毒枭这类人物，一丝一毫的掉以轻心便要付出惨重代价。

1985 年黑豹突击队（RAID）在巴黎成立，现有警力近 120 人，其中还包括 7 名女队员。黑豹突击队的队员每年都要经过体能、搏击、攀登、射击、战术、合作能力的严格考核，不能达标便被淘汰。他们是国家警察中的反恐精英。遇到严重事件及需使用特殊技术制伏危险人物时黑豹突击队就上场了。诸如恐怖活动、走私军火、走私毒品、劫持人质及保护政要等。黑豹突击队以一只蓄势待发的黑豹作为队徽，他们的理念是像黑豹般静静接近对手，然后给予致命一击。行动中他们一身黑衣，外加黑色面罩，手持杀伤力强大的武器，既有震慑力又带着几分神秘感。事实上队员们的个人身份也确实是保密的。法语中 RAID 分别代表研究（Recherche）、协助（Assistance）、干预（Intervention）、震慑（Dissuasion），这也说明了他们的作战方针。全队分为行动队、科研部门和谈判部门三部分。行动队 15 人一组，共 4 组，配有警犬及重型卡车，负责执行侦察、突击、高保类任务；科研部门也是 15 人一组，共

两组，其中情报组收集情报，技术组独立研究和自行生产警用特种装备；谈判部门共 20 人左右，包括谈判专家和心理学家共 3 名、医务人员 4 名以及后勤保障人员若干。1993 年的讷伊人质解救案曾令黑豹突击队名噪一时。当时一位携带炸药的男子闯入校园劫持了 20 多个孩子并索要巨额赎金。所有法国媒体都聚焦这一事件，所有民众也关注着事态的发展，包括劫匪本人也拿个收音机随时收听着警方动向。当日下午劫匪收到部分赎金后释放了一部分孩子，但仍有 6 个小女孩被劫持。轮到黑豹突击队出击了。他们悄然潜入室内，兵分两路，一队疏散孩子，另一队确保劫匪无法启动炸药。谁料有个孩子看见突然出现的黑衣蒙面人，被吓哭了。哭声惊动了劫匪。千钧一发之际黑豹突击队抢先开火击中劫匪头部，危机就此化解。黑豹突击队的武器装备极为强悍，行动中每人均配备 MP5 冲锋枪一支、贝雷塔 92F 手枪，左肋和右胯各一支，防弹头盔、防弹背心、防弹盾牌、作战手套和护膝以及子弹、弹匣、战术手榴弹若干……

国家宪兵（gendarmerie）严格来讲是军人，他们隶属于国防部，主要负责小城镇和乡村的警务工作。1032 年法皇亨利一世组建了一支巴黎宪兵队，这也是世界上最早出现的专职警察组织。被随后的历代王朝和政府高度重视，也被其他国家所效仿。今日的国家宪兵与国家警察共同担负维护社会治安、打击犯罪的任务，共同构成法国的两支警察力量。

国家宪兵也有自己的精英组织，即国家宪兵特勤队（GIGN），是一支专门从事反恐活动的特种突击队。其创始人是富有传奇色彩的布鲁托中尉，他不仅对犯罪心理学颇有研究，还是位功夫高手。心理学家会武术可真是谁也拦不住了。国家宪兵特勤队是当今世界人数最少、编制最小的特种部队。队员在经过智力、体力和心理测试后还得经过长达十个月的魔鬼训练，层层筛选淘汰，最后只有不到 7% 的候选者被录取。说他们的训练是魔鬼训练一点都不夸张。候选队员必须经过严格的徒手格斗、野外生存、潜水、跳伞以及实弹射击等训练。不是被空投到南美圭亚那的森林沼泽中饥寒交迫、与毒蛇巨蟒为伴，就是只穿一件防弹背心以 20 厘米为距实弹对射。说起来，在训练中牺牲的队员比执行任务时还多。活着完成全部训练项目并达标的队员会得到一条象征身份的黑腰带，正式成为国家宪兵特勤队的一员，并在需要时奔赴世界任何地方执行任务。1976 年他们在非洲的法军基地营救了被索马里恐怖分子所劫持的校车里的 30 名儿童；1979 年拯救了在圣萨尔瓦多的法国大使馆遭挟持的外交官；法国航空 8969 号由阿尔及利亚飞往法国的航班被 GIA 恐怖组织挟持，意欲撞毁埃菲尔铁塔。四名劫机者在与阿尔及利亚政府谈判时已处决了 3 名乘客。随后飞机在阿尔及利亚政府允许下飞往法国。趁着夜色法国国家宪兵特勤队潜入飞机，将 GIA 恐怖分子全数射杀。后来这次事件被改编成了电影《突击》。法国国家宪兵特勤队还因此被国际民用航空组织（ICAO）任命，传授其他国家特种部队如何机上解救人质。四十多年来，法国国家宪兵特勤队总共执行了超过一千件任务，解救了超过 500 名人质。

2015 年年初巴黎《查理周刊》杂志社遭恐怖袭击，造成 12 死 11 伤的惨重后果。这一次法国国家宪兵特勤队与黑豹突击队两支精锐部队联手反恐缉凶。数架直升机在空中盘旋监视，谈判专家与劫匪对话，狙击手部署就位，将劫匪一举击毙，人质获救。与此同时 BFMTV 新闻频道 24 小时直播最新动态。直播现场中记者电话连线被劫持者，并对警察、目击者以及罪犯的家人、朋友乃至邻居进行采访。民众守在电视机前看着新闻直播，有种自己也参与其中的感觉。几天后听说该电视频道因对事件的过度曝光而惹上了官司。说的也是，幸亏当时劫匪没开电视，不然在哪部署了警察，周遭情况如何他们就都一清二楚了。在热爱自由的法国人心中，代表着纪律、禁止和罚款的警察一直是人们讨厌的对象。但是这两年来的恐怖袭击改变了警察在人们心中的形象，大街上居然有人主动向警察敬礼、献花。当然了，等到罢工游行时对警察该打还打啊。

法国的报警电话是 17。比较而言，大城市的情况要复杂些，小乡村则简单宁静，甚至留存着“路不拾遗，夜不闭户”的古风。在 Najac 有一次我们房车的钥匙弄丢了。谁料转天钥匙竟然出现在了信箱里。也不知是哪位邻居捡到了钥匙，不但没顺手把房车开走，还把钥匙完璧归赵了。说到日常安全，其实在哪个国家都大同小异。诸如妥善保管护照、签证、保险这类重要的文件，并留复印件备用；把自己的住址、电话、电子邮箱等信息告知亲友，有特殊出行计划时也报备下；外出时将家中门窗锁好；别轻易给陌生人开门；天黑后避免独自去人员混杂易出危险的街区；外出少带现金，但也别一点不带。万一遇上劫道的别让他空手而回，否则恼羞成怒了怎么办……总之，没必要看了负面新闻就因噎废食地不外出了，凡事小心，遇事不慌就好。至于跟警察叔叔打交道的机会，普通民众生活中多少年也不一定能碰上一回。不过要真遇上了警察可千万别做出令人误解的行为，诸如逃逸、反抗之类的。要记得，法国警察有枪，他们也不怕去使用它。

FRANCE
NON-PRETENTIOUS
GUIDE

第三章

在法国玩什么

1. 唐人街里有什么

唐人街又名中国城，其最早的称谓则是“大唐街”。纳兰性德在《渌水亭杂识》中写道：“日本，唐时始有人往彼，而居留者谓之‘大唐街’，今且长十里矣。”你看唐朝盛世多牛啊，对海外产生了那么大的影响，让外国人把跟中国有关的一切都称之为“唐”了。早年间华侨海外谋生不易，需同舟共济，聚居一处久而久之便形成了唐人街。如今唐人街遍布世界各地。法国的巴黎、里昂、里尔等城市都有唐人街，其中巴黎十三区的唐人街更是欧洲最大的。

唐人街是外国人管窥中国的一扇窗。巴黎人就有这么句话，想了解中国的话只要买张地铁票去十三区就行了。这让我想到了那部在巴黎唐人街取景的法国电影《超龄孝子》。主人公唐吉是个学业有成、工作出色，甚至会讲汉语和日语的模范年轻人。只是他的爸爸妈妈实在受不了他 28 岁了还像个长不大的巨婴一样赖在父母家同住。终于唐吉鼓起勇气决定远走高飞，一咬牙一跺脚就买了张地铁票搬到了巴黎的中国城。结果四下一张望，哎呀妈呀，才离家几千米，这文化冲击也太强烈了！转了一小圈后他又回了家。这次忍无可忍的父母铁了心要将他扫地出门，整他的法子层出不穷。几经磨砺唐吉终于成熟了，娶了个中国媳妇，还飞到了北京。这下唐吉该海阔天空了吧？谁料刚离开了父母家，

他又陷入了跟他的中国媳妇还有媳妇的父母、祖父母三代同堂的处境。哎，这短暂又漫长的人生路仿佛就是兜了个周而复始的圈。

巴黎主要的华人聚居区有三处。最大的是十三区的唐人街，也被称为“舒瓦西三角”或“小亚洲”，人们提唐人街时首先想到的就是这里。它不像个旅游景点，也没建那些中国风的牌楼、钟楼什么的，而是相当接地气，真实得就像生活本身。当地以广东潮州人为主，也有不少香港、澳门等地的华人，还有来自法属波利尼西亚和法属圭亚那的亚裔，此外还有一部分来自越南、老挝、柬埔寨的东南亚人。街上中文招牌林立，连麦当劳的招牌也是汉字。传统中国风建筑随处可见，新建的高层公寓也跟巴黎的建筑风格迥异，跟中国国内的则一模一样。车水马龙，热闹繁华。烧腊店的玻璃橱窗里吊着一排排油光锃亮、香气扑鼻的烧鹅；门前镇着石狮子，挂着金龙招牌的酒楼还能唱卡拉 OK；服装店里是一袭袭华丽美艳的旗袍；路边摊不仅售卖萝卜、青菜、咸蛋、粽子，连 DVD 影碟和手机壳也卖。梦里不知身是客，恍惚间还当自己身处某个中国城市的街头呢！巴黎士多和陈氏百货商场是购买东方物品的好去处。店内各式亚洲食材和调料齐全，从青岛啤酒到老干妈辣酱，再到速冻包子、饺子应有尽有，因价格低廉还吸引了不少外国人前往采购。唐人街上甚至还有一座中华圣母堂以及教会中文学校，华文宣传栏里张贴着书法、国画、乐器、太极拳的招生广告。每当我那中国胃乡愁泛滥便可溜达到火锅店、饺子馆解解馋。饺子馆里吃饺子的老外也不少，曾见过左手叉右手刀，将饺子一切两半，先吃皮再吃馅的。要是给这位一杯茶，估计他会把茶水倒了，茶叶撒点盐和胡椒拌着吃吧。还听说有景仰中华文化的法国人在唐人街买了盒带法语说明书的麻将牌，回家鹦鹉学舌地读起了“吃碰杠听胡”。自觉将说明书熟稔于心了，就号召全家老少七八口一起来打麻将。就这么将四人麻将变成了群打，居然也玩得不亦乐乎。我跟托马则在唐人街上一间特别不起眼的小中餐馆吃到了最物美价廉的中式自助餐。餐厅里挂着红灯笼，供着佛龛。老板七十多岁，是位瘦瘦小小的老人，祖籍广州，出生于金边。见来了同胞，格外热情周到，跟我们聊了半天。到了春节，唐人街的年味儿一点儿也不比国内逊色。一年一度的春节嘉年华，法国国务秘书、巴黎市长等一行人会专程到唐人街来拜年。游行者中不只有华人，法国人也很多。张灯结彩，舞龙舞狮，锣鼓喧天。武术队里从几岁的孩童到古稀老人都有，挥拳踢腿间，一招一式都透着中华武术的精气神。人们以中文互致问候，那颗漂泊异乡的心倍感亲切温暖。对华人来说，就算一句法语都不会说也能在巴黎生存，只要住在唐人街。

十九区的美丽城排第二，也被称为“小唐人街”。这里的华人华侨一部分来自东南亚，一部分来自温州和东北。街上的中餐馆、杂货店、金饰店、中药房、旅行社、房产中介等也是鳞次栉比，甚至还有网吧。跟十三区的唐人街比这里显得有些杂乱，却也乱得有趣。据说不少研究玄学的人也常到访该地，看来想求个签问个卦什么的也不是难事。

三区和四区还有“温州街”，由几段狭窄的街巷组成。从前这里是做皮货生意的犹太人的领地，如今则让位给了有“中国的犹太人”之誉的温州人。想吃温州风味的小吃，想买浙江土特产来这儿就对了，顺便还能捎几件皮带、钱夹之类的。

2. 法国最流行的体育赛事

欧洲杯、世界杯足球赛

2016 年 6 月 10 日，第十五届欧洲足球锦标赛在法国拉开帷幕，这也是继 1960 年和 1984 年后法国第三次举办欧洲杯足球赛。此外法国还于 1938 年和 1998 年两次举办世界杯足球赛。最近两次举办欧洲杯和世界杯，法国都在家门口捧了冠军奖杯，这次也是野心勃勃。法国国家男子足球队可谓世界足坛的一支传统劲旅。法国队和阿根廷队也是仅有的两支赢过世界杯、联合会杯和奥运会这三大赛事冠军的球队。自球队成立以来人才辈出，世界杯历史上的第一个进球就来自法国球员吕西安·洛朗。至今为止世界杯的射手王也是位法国球员，神奇前锋朱斯特·方丹。他穿着一双借来的鞋在一届世界杯上进了十三个球，创造了历史纪录。为什么比赛时他穿着借来的鞋呢？因为那年头球队还没有赞助商呢，每位球员就一双鞋。方丹的球鞋开赛不久便踢裂了，只能找队

友借鞋。此外法国队的明星球员还有被誉为绿茵场上的艺术家的普拉蒂尼，中场指挥大师齐达内，战术体系大师德尚，边锋助攻王罗歇托……每一个名字都在世界足坛掷地有声。

就像世界上的其他国家一样，足球在法国也是一种相当流行的体育运动。一方面每逢赛事人们都坐在电视机前观看，另一方面法国从城市到乡村都有足球场供人们练习。马克思曾说：“宗教是人民的鸦片。”那是老话了，与时俱进的话得改成：“足球是人民的鸦片。”1998 年世界杯那会儿托马住在巴黎市郊。法国跟巴西决赛当天他正好需要出门办事。一开门吓了一跳，平日里繁华热闹的大街竟然空空荡荡的。没有车辆行驶，没有行人走路。四下一片寂静，时间仿佛停滞了。作为一名科幻电影迷，托马头一个想法是，外星人来过了，除了他别人都被劫持上宇宙飞船了。那一刻他心里有点害怕也有点迷惑，到底发生什么事了？随后托马想了起来这是因为足球，当天是决赛的日子。就这么万人空巷，所有人都汇集一处看球去了。至少那一天，足球在法国成为一种宗教。足球对人们的影响究竟有多大多深呢？前面提到的那艘世界上最大的船“海洋和悦号”建成时，电视台记者介绍说“这艘船的长度超过了两个足球场”。原来足球场已经成为一种度量单位了呀。从前我也看世界杯，不过我得承认我只是喜欢看穿着短裤的帅哥跑来跑去而已，顺带着不小心看了点足球。真正热爱足球的人是那些风雨无阻在球场上和小伙伴们挥洒汗水的人。如果您一场球都没亲自踢过，就喜欢拿杯啤酒坐电视机前看别人挥洒汗水。那您千万别误会自己热爱足球，您就是爱看电视罢了。

环法自行车赛

爱因斯坦说：“人生就像骑自行车，只有不断前进，才能保持平衡。”这话中国人肯定理解得比谁都深，自行车曾经是中国使用最普遍的交通工具嘛。不过您要是看见个法国人挥汗如雨地骑自行车，他可不是在赶路，人家那是运动呢。法国人骑自行车派头可足了，全套的紧身自行车服外加头盔、墨镜和特制的骑行鞋。乍一看个个都像环法自行车赛的选手，估计他们自己也挺享受这种错觉吧。自行车在法国卖得挺贵，归到运动器材类了嘛。超市里最普通的也得一百多欧元一辆，有些山地车更贵得能买辆二手汽车了。法国的骑行环境颇好，不少地方都有专门的自行车道。林边河畔，鸟语花香。难怪这么多法国人喜欢骑车，的确是种享受。

自行车运动在法国也算源远流长，世界上第一辆自行车就是法国人发明的。每年 7 月又会将法国人对自行车的热爱推到顶峰，一年一度的环法自行车赛开始了。已有一百多年历史的环法自行车赛是目前世界上规模最大、影响最广、比赛水准最高的公路自行车赛。总赛程长度达 3200 千米，分 21 天完成。参赛选手的衣服也有讲究。领先者穿的是黄衫，最佳冲刺者穿绿衫，山间赛事最佳骑手穿波点衫。我跟托马在佩里格时正好赶上了环法自行车赛。大街小巷拉着喜庆的欢迎条幅，处处扎满了黄气球。街上高高竖起了超大屏幕电视，带着未来感的巨型卡车能令人联想到变形金刚。赛道两侧人山人海，我们也挤在其中看热闹。首先到达的是布置赛场的工作人员、各电视台人员和维持秩序的警察。随后出现的是绵绵不绝、花枝招展的各种赞助商广告车，糖果、香肠、面包天女散花般地撒向大家。比赛选手陆续抵达，围观群众双手拍击着赛道两侧的栏板为他们加油助威，气氛热烈到沸腾。那年中国选手计成也参加了比赛，他是第一位参加环法自行车赛的中国选手。托马听到广播中提到计成的名字就提醒我注意看，紧跟着我就在一个个呼啸而过的自行车骑手中看见了他。真幸运没和来自中国的选手失之交臂，在大太阳底下晒这几个小时也算值得了。

法国网球公开赛

网球最早起源于 12 世纪法国北部传教士在教堂回廊中以手掌击球的一种游戏。14 世纪中叶一位法国诗人将这个游戏带入了法国宫廷，成了皇室贵族的消遣。到了 16 世纪法国的平民百姓开始效仿贵族玩起了网球，并且改良了球和球拍。这时候法国国王不乐意了，要是大家伙都玩还怎么显出皇室特权呢？一声令下就把网球在民间给禁了。到了 17 世纪国王又下令禁了一次网球，这次是因为民间赌球风气太盛，很多人都赌得倾家荡产了。从这也看出了禁令从来都是禁不住的，越禁人们越要顶风冒险地去做，要是全面放开估计感兴趣的人至少得减半。

网球是一项完美结合了力量与美的运动，因为这个特点，它也是项造星的运动。这些年来就算再不关注网球的人多少也听说过那些大名鼎鼎的网坛明星吧。我国有亚洲首位大满贯单打冠军李娜；俄罗斯有美貌与球技并存的莎拉波娃和库尔尼科娃；美国有网坛姐妹花大小威廉姆斯……这些网坛明星横跨娱乐圈、时尚圈，库尔尼科娃成了杂志封面宠儿；威廉姆斯姐妹做起了真人秀；网球世界第一诺瓦克·德约科维奇甚至开了家素食餐厅。

就在我写下这些文字的时候，每年一届的法国网球公开赛正在巴黎的罗兰·加洛斯球场激烈进行着。这一创办于 1891 年的网球赛事是唯一一个在红土球场上进行的大满贯比赛，它标志着红土赛事的最高荣誉。要知道红土球场球速较慢，利于底线对抗，只有球技与毅力过人的球员才能取胜。所谓“台上一分钟，台下十年功”。正如瑞典选手斯蒂芬·艾德伯格所说，“如果你想真正地打好网球，那就意味着艰苦的工作，想成为顶尖选手是没有捷径的。”

巴黎—达喀尔汽车拉力赛

巴黎—达喀尔汽车拉力赛是世界上最艰苦的拉力赛，又被称为勇敢者的游戏。参赛的车辆不是普通拉力赛中的改装轿车，辆辆都是真正的越野车。比赛时大卡车、改装车、量产车、赛车、摩托车并驾齐驱，恢宏的场面比电影《疯狂的麦克斯：狂暴之路》还带劲儿。参加这个比赛的先不说拿名次，凡是能完赛的就是纯爷们儿。长达 1 万多千米的比赛路段基本上就没有现成的路，穿越的不是热带草原和热带雨林就是漫无边际的沙漠和戈壁。简直比去西天取经还难。车手们白天要忍受 40℃以上的高温，夜晚则会冷得让人受不了。赛程中车手跟领航员就算全方位利用路线图、指南针、GPS 导航也不能保证不迷路。

一旦迷失方向，或者车辆出现故障，就将面临断油、断粮的危机。也因为没有公路，维修队得包专机携带技师、补给、配件先行抵达简易机场。与此同时车手全天驾驶，无法中途停歇，亦没有维修队和补给。自首次开赛以来已有60多人被沙漠吞噬了生命。创始人泽利·萨宾也于比赛中意外坠机死亡。马革裹尸，为自己热爱的事业付出生命也算是死得其所。

说起来奥运会、世界杯、欧洲杯、法国网球公开赛、环法自行车比赛和巴黎—达喀尔汽车拉力赛都是法国人创办的。法国人的创造力和组织能力还真挺牛。巴黎—达喀尔汽车拉力赛的创始人是法国人泽利·萨宾。有次他参加“阿必尚—尼斯汽车拉力赛”在利比亚沙漠迷了路，但凭借顽强的意志克服恶劣环境走出了沙漠。回到法国后他便创办了这条横跨欧非的拉力赛路线，与世人分享这份死里逃生的体验。“对于参加的人来说，这是一项挑战；对于没参加的人来说，这是一个梦想。”泽利·萨宾说，“我可以带你一起去敲击冒险之门，但打开这扇向命运挑战之门的是你自己。”虽然巴黎—达喀尔是一项每年都会举行的专业越野拉力赛，但对参赛车手是否为职业车手完全没有限制，也就是说谁都可以去参加。你是不是也心动了？

3. 最法国的休闲方式

钓鱼

记得前两年天津暴雨过后竟有市民悠悠然地在大街上划起了小船，开起了快艇，还有位大爷坐在大红洗澡盆里玩起了漂流，愣是把一场暴雨玩成了水上乐园。谁说只有天津人这么哏呢？这几天巴黎下暴雨也发了大水，垂钓爱好者们一见心里乐开了花，纷纷走上街头钓起了鱼，听说还有人浑水摸出了一条大鱼。谁说巴黎没有海？

法国海岸线长，境内又河网纵横，既是个渔业大国，也是个垂钓大国。全国人口6000多万，垂钓爱好者就有1000多万。不论巾帼还是须眉，从几岁的孩童到耄耋老人都不乏钓鱼迷。那些在河边溪畔悠闲垂钓的业余爱好者们，钓具可都专业得好像在参加钓鱼大赛一样。鱼竿、鱼线、鱼钩、鱼饵、渔线轮、浮漂、钓箱以及各种匪夷所思得叫不上名字来的钓具。当然啦还得穿上钓鱼装，在法国做什么都得有专门的行头，否则岂不是对时尚的犯罪？想在法国钓鱼可不是买根鱼竿就去钓了，必须遵循一套法定程序。首先得花90欧元左右买一个许可证（carte de pêche），然后还得加入一个钓鱼俱乐部。这些钓鱼俱乐部分布于法国的大城小镇，对其所辖区域内的河流湖泊什么时节可以钓什么鱼规定得极为详细具体。从鱼的种类到尺寸以及重量，差一分一毫都不行。比如说鳟鱼，每年只有3月到9月能钓，每天的钓鱼时间则是从日出前30分钟到日落后30分钟。

钓鱼这一休闲方式在法国也被归入了运动类，各地区不时举办钓鱼比赛。法国最流行的垂钓方式是飞蝇钓，此外法国人还喜欢去海外省留尼旺、瓜德罗普这样的热带岛屿去钓剑鱼。剑鱼可是凶猛的大型鱼，首先得乘船出海，到海中央再垂钓。过程跟海明威在《老人与海》中描述的近似。说起来这也确实算得上一种运动了，往往得跟大鱼周旋好几个小时才能收获到战利品。住佩里格时我跟托马打算把房车一路开到欧洲的最北边挪威去钓三文鱼。人家挪威三文鱼可是见过大世面的，咱也不能露了怯。一大清早托马就带着锃光瓦亮的新钓竿来到小河边，先演习演习。临走还不忘嘱咐我，准备好中午清蒸鱼啦。

坐在河边等啊等啊，却总也不见鱼上钩。离近了往河里一瞧，鱼还真不少，可就是一条条的都比鱼饵还小呢。哎，这是实在人钓鱼的困扰。随后我们俩在秋天抵达挪威，来到静若处子的罗弗敦群岛。湖光山色，清丽空明，令人联想到电影《指环王》中霍比特人居住的村落。他跳上延伸至海里的巨大礁石，垂下钓竿还不到一分钟就有鱼咬了钩。传说挪威海里的鱼跟汤锅里下饺子似的那么多，当日所见，此言非虚。漂亮的鳕鱼在空中划出一道优美的弧线，甩出的水珠在阳光下闪闪发亮。我们也不贪心，钓到了鱼即刻打道回府。这一尾上天赐予的鱼自然不同于超市买的，内心得带着几分郑重和感恩对待。我们先感谢了鱼的无私奉献，再将它薄薄地抹了层盐放在火上烤。窗外是天光云影共徘徊，房车内大瓣雪白的鱼肉如莲花绽放，馨香如祝福般弥漫。

读书

《我爱阅读》是一本专门针对小学生的月刊，托马小时候就有了，他也喜欢读。法国有 400 万小孩，这份杂志月发行量为 200 万。此外法国很多著名作家也写童书，比如诗人拉 · 封丹所写的《拉 · 封丹寓言》，是世界上最伟大的寓言故事集之一。法国人鼓励孩子将阅读当成探索未知世界的途径，并养成阅读的习惯。从识字他们就开始了长达一生的阅读，读得心无旁骛，读得气定神闲。法国的年人均读书量为 20 本，读书算是法国人最普遍的爱好了。国家也为民众提供了卓越的读书环境，不仅出版物众多，星罗棋布的图书馆也长年免费开放。法国人好读书，这点在托马身上尤其得到了体现。再加上我也是将读书视为跟空气、阳光、水一样的生命要素，平日里我们最常去的地方就是书店，赶集也直奔书摊儿。我们的女儿艾米莉才 8 个月大就已经读过不少童书，达到 20

本的年人均读书量肯定不成问题了。

法国的地铁上、火车里看不到人手一只手机玩的情景，取而代之的是人们专心致志地读书。有的看小说；有的看专业书；有的看摄影集；有的看漫画……街头咖啡馆有人买杯咖啡就能看上好几个小时的书。甚至连排队的工夫法国人也要掏出本轻便的口袋书来看。那些捧卷而读的人，不论是青春洋溢的少女还是白发苍苍的老人，皆是一道美丽的风景。“龚古尔文学奖”获得者法国作家莉迪·萨尔维尔说过，“书穿越了世纪的时空，是人与人约会和交流的重要场所。书是人类拥有的最奇妙的东西之一，它是人类生命季节的明灯。阅读让人远离世界，又让人重新找到世界。阅读与生活相伴，没有阅读的生活将是一种错误。”

骑马

法国是世界上组织马术比赛最多的国家，也是世界排名第一的骑马圣地。马术作为法国人引以为傲的传统，已被联合国教科文组织认可为世界非物质文化保护遗产。早年间骑马在欧洲是贵族的象征，如今则早已飞入寻常百姓家了。环境优美的马术俱乐部遍布城市、乡村，连寸土寸金的巴黎也有跑马场。很多森林里有专门的“马”路，马匹博物馆中展示与马有关的一切，此外还有大量的赛马场。也因为赛马活动频繁，还滋生出了赌马游戏。开赛前跟酒吧（PMU）招待按顺序选好自己看中能赢的前三匹马，下完了注从酒吧的电视直播里即时就能知道中没中。即便猜中了奖金跟彩票也没法比，但作为传统，赢的人可得请酒吧里的每个人都喝一杯。说起来还有什么更好的借口大中午的就坐酒吧里喝酒呢？

虽然骑马之风盛行，但直到 1930 年法国法律都禁止女性分腿跨鞍。也许是作为一种反击，当下 80% 的骑手都为女性。骑马也成为法国女性运动排行榜上的第一位。姐们淘会面常约在周三的马术俱乐部。俱乐部还为小朋友们开设了矮种马骑行课，我们在村中散步时常见孩童们骑着小马鱼贯而过。相比之下我童年那会儿可勤俭持家得多，能骑个木马就很开心了。村中邻居也多有养马的，我们的房东有马，教堂的保安也有。村子周边的私家跑马场一个挨着一个。骑马是种艺术，也是门学问，须骑手与马匹默契配合。骑着马在蓝天白云下，碧草繁花上悠闲漫步，真是件身心舒畅的事。很多人也喜欢骑着马在海滩漫步，马蹄踏起一朵朵浪花。为了更好地融入大自然，还有位法国男士决定每个月都骑马上几次班。工作地点距家 37 千米，往返一次得花上 12 个小时。跟开汽车比，骑马用不着加油，牵马到路边吃点草就行了，省钱；马匹也不排尾气，绿色环保。只要足够耐心那就打马上路吧。

狩猎

法国的狩猎传统沿袭自中世纪的骑士狩猎。有别于原始人的狩猎果腹，骑士们狩猎是为了军训及娱乐。在法国钓鱼都得领许可证，狩猎当然更得领执照。目前法国考取狩猎执照的人居欧洲之首。想考执照者须先去狩猎俱乐部上一系列课程；然后通过笔试，内容包括涉及野生动物、狩猎武器、紧急自救和狩猎法律等的十道题；最后还有个实战考试，重点考核应试者能不能安全地使用狩猎武器。都通过就可以领取狩猎执照了，费用是 46 欧元。不少意外证明了狩猎执照的确有存在的必要。例如不是一个两个猎人把自己带来的猎狗当成野生动物给猎杀了，还有人猎杀了别人农场里的羊。有位大叔带着支冲锋枪去狩猎，不过在他还没来得及伤害自己或他人前就被捕了。还有位猎人去捡猎物时被自己的猎狗触动步枪扳机击中了手臂。很遗憾，目前法国还没有针对猎狗的狩猎执照。

法国地貌丰富，森林蓊郁，狩猎方式多样，猎物种类繁多。公路上有大量提醒驾驶者注意动物的标识。大白天就常见野兔在田野间蹦蹦跳跳。假如夜晚外出更能看见在路边散步的狐狸、鹿甚至臭鼬，有次半夜我们还看见森林中的野猪排着队奔跑。在天空翱翔、在枝头鸣啭的鸟类更随处可见。狩猎当天得起个大早，穿上英武的猎装，备好各种猎具，再带上心爱的猎狗，开着越野车抵达猎场。通常狩猎都是团队合作，有的负责驱赶猎狗，有的负责吹响号角，经验最老到的猎手负责狩猎。捕获成功后要将猎物内脏喂猎狗吃以示奖励，猎物的右后腿则奖励给当日功劳最大的人。狩猎结束，嘹亮的号角响起，那是对森林之神表达感激。我跟托马在卢瓦尔河谷参观城堡后闯入过一片私家森林。当时正值雨后，泥地上印了形形色色的脚印。两瓣尖尖的是鹿，梅花状的是狗，大大一个的是马。托马观察这些脚印后推断出这里曾发生过一场狩猎。一队人骑着马带着狗从入口将鹿赶进去，另一队人马从出口包抄。可怜的鹿前无去路，后有追兵，只能束手就擒。我望着他不禁仰慕，一秒钟变福尔摩斯啊！我就知道我嫁给他是有原因的。

柔道

柔道是由古代日本武士空手搏斗的柔术演变发展而来的。虽是种搏击术，却有其静与柔的一面。想成为柔道大师可不是有股蛮力就够了，它更需要娴熟的技巧。柔道与太极有相通之处，都讲究借力使力，以柔克刚。两者都是接近哲学的运动方式。不同之处在于柔道的对抗更为激烈，太极则更静一些。柔道重修身，太极重修心。

人们都认为柔道是日本人的事，谁知道法国也是个柔道强国呢？在法国人从事的格斗类运动中柔道占据首位。法国人有多热爱柔道呢？萨科齐当总统时任命的国家体育部部长就是多次夺得奥运会及世锦赛金牌的法国著名柔道运动员大卫·杜耶。柔道俱乐部遍及法国各地，分为幼儿班和成人班。托马小时候也练过柔道，就在他们村的小俱乐部，居然还培养出了个全国冠军。瑞典足球巨星伊布仗着他的跆拳道背景常在球场上欺负对手，不是给人家来个抱摔就是来个飞踹。法国柔道冠军特迪·里内看不过眼了，跟伊布约架，声称要与瑞典狂人一决高下。“在格斗场上，伊布压根就没机会。”特迪·里内说。要知道伊布已达到了跆拳道黑带五段水平，很多专业运动员都不是他的对手。当然了特迪·里内也不是吃素的，作为世锦赛五冠王的他终结了一直被日本人垄断的一百公斤以上级男子柔道比赛。这场架要是真打起来肯定精彩，咱们就期待瑞典狂人应战吧。

4. 咖啡时光

不论是在热闹繁华的香榭丽舍大街还是在静谧悠闲的古老村落，总少不了那一间咖啡馆。从阳春白雪到下里巴人，总有那一间中意的咖啡馆能让你静静消磨掉整个下午的时光。当咖啡馆遭遇了法国，一个浪漫自由的文化环境诞生了。咖啡壶里煮乾坤，咖啡杯中盛梦想。文学、哲学、艺术、革命都从咖啡馆里走了出来。咖啡在法国不仅是种饮品，更是种文化象征，是法式生活不可或缺的元素。法国文豪巴尔扎克说：“咖啡馆的柜台就是民众的议会厅。”在咖啡馆里什么都可以聊，也可以什么都不聊。奥地利作家茨威格那句“我不在咖啡馆，就在去咖啡馆的路上”正是法国人生活的写照。踏着清晨的阳光来到街头的露天咖啡座，空气中飘着醉人的咖啡香。点一杯 Espresso 再配个新出炉的牛角面包，随意翻翻当天的报纸，喂喂桌边踱步的鸽子。还有更愉悦的方式开始这一天吗？

去咖啡馆需要理由吗？上班族会去咖啡馆喝杯咖啡提提神；朋友聚会也约在咖啡馆边喝边聊；假日里全家外出偶尔停在咖啡馆小憩一会儿；游客们坐在咖啡馆临窗的位子一边啜饮一边欣赏周遭的美景；独自一人也可以去咖啡馆读读书、发发呆。谁知道呢，也许将有一场命中注定的偶遇发生。正如毕加索在“双偶咖啡馆”与朵拉·琦尔小姐一见钟情。或者就像那个盛夏的黄昏，于千百间咖啡馆中托马偏偏走进了我在的那一间。

法国咖啡馆的咖啡都是小小一杯，但其浓度和强度超过星巴克的一大杯。法国人戏称美国人添加了奶油和各种调味料的星巴克咖啡是“洗袜子的水”。不过也因为法国的咖啡杯太迷你，往往无意中便喝下好几杯。想当年伏尔泰在“普罗科普咖啡馆”一天就喝了 70 杯咖啡。咖啡和茶都有提神醒脑的作用。与法国人不同，中国人好饮茶，崇尚的是清静幽雅、谦和自然的茶道。法国人喝咖啡讲究情调意境，中国人饮茶追求修身养性。

根据旅游部门关于“巴黎最吸引人的是什么”这一调查，大部分人的回答并非埃菲尔铁塔和卢浮宫，而是那些像星星般散落巴黎大街小巷的咖啡馆。随便推开哪家咖啡馆的门，就可能与达利、肖邦或拿破仑来一场交错时光的约会。徐志摩说：“如果巴黎少了咖啡馆，恐怕会变得一无可爱。”他自己也是巴黎“花神咖啡馆”的常客。

1865 年开始营业的“花神咖啡馆”（Café de Flore）是巴黎著名的三大咖啡馆之一。想当年萨特跟波伏娃常在“花神咖啡馆”里畅谈存在主义哲学，基本上就把那儿当成了办公室，连他们俩的传记片都被命名为

TARTES FLAMBÉES À
PARTIR DE 7,00 €
MENU À PARTIR DE 14,00 €
Bon appétit !
CAVEAU

《花神咖啡馆的情人们》；此外，《情人》的作者杜拉斯也是那儿的常客；周恩来总理年轻时留学法国期间也总去住所附近的“花神”写文章。如今的“花神咖啡馆”属于巴黎文化遗址保护单位，文物保护的盾形金属牌上还刻着周恩来这个名字。一百多年来“花神咖啡馆”接待过的名流大咖不胜枚举，它甚至还设有自己专属的“花神文学奖”。咖啡馆文学奖，这事也就只能发生在法国吧？得奖者在二楼保留一年专座，并且馆内永久陈列一支刻有得奖者名字的咖啡杯。我跟托马去“花神咖啡馆”时多少带着几分朝圣之心。坐在装饰着镜墙与桃花心木护壁的咖啡馆里一边品咖啡食甜点一边想着曾光顾它的那些传奇人物，就仿佛走进了典雅芬芳的旧时光。

同样位于塞纳河左岸的“双偶咖啡馆”（les Deux Magots）与“花神咖啡馆”比邻而居，1873 年开始营业。这间咖啡馆的前身是名噪一时的巴黎首家中国丝绸店，“双偶”之名来源于墙壁上雕刻的两个穿着清朝官吏服饰的华人老叟。凭借着这份神秘的东方文化气息，“双偶咖啡馆”也成了文学、艺术精英荟萃之地。它的常客包括毕加索、王尔德、加缪、圣艾克苏佩里……波伏娃在日记中写道：“我坐在双偶咖啡馆内，眼睛瞪着咖啡桌上的白纸……我感觉得到我的手指蠢蠢欲动，我需要写作……其实我想写我自己……第一个升起的念头是：作为女性自身的意义是什么？”咖啡馆中的这段思绪便是其著作《第二性》的由来。“双偶咖啡馆”也有“双偶文学奖”，而且比“花神文学奖”更早，1933 年就创立了。

1847 年开业的“丁香咖啡馆”（la Closerie des Lilas）位

于巴黎蒙巴那斯大街，19 世纪时就是个新思潮青年云集的所在。后来海明威、乔伊斯、左拉、塞尚都成了“丁香咖啡馆”的老主顾，连列宁都对这间咖啡馆青睐有加。在这里海明威只花两个星期便创作完成了《太阳照常升起》。咖啡馆里到现在还保留着海明威常坐的椅子，椅背有镌刻着他名字的铜牌，还有道叫“海明威胡椒牛扒”的招牌菜。另外，据说法国最大的出版社负责人龚古尔兄弟创立法国最牛的文学奖时，也是在“丁香咖啡馆”起草构思的。

1686 年，意大利人佛朗西斯科 · 普罗科皮欧 · 柯德里开设了“普罗科普咖啡馆”（le Procope），它是巴黎第一间咖啡馆，也是现存最古老的咖啡馆。时光荏苒三百多年，今日这里依然保持着典雅古朴的风格。在这间咖啡馆里丹东、马拉、罗伯斯庇尔三巨头讨论过对社会变革的思考，从而缔造了法国大革命。18 世纪时，作家雨果、狄德罗、巴尔扎克等人也时常光顾。狄德罗的世界首部百科全书就是在“普罗科普咖啡馆”完成的。众文豪还创立了咖啡馆的同名文学刊物。欧洲启蒙运动思想家伏尔泰干脆把自己的书桌搬到了咖啡馆里，一看就是打持久战的，甚至洗手间的墙上都有他留下的金句。如今这间咖啡馆中还保存着卢梭当年用过的桌子以及拿破仑当年戴过的军帽。话说拿破仑还是个年轻军官时常泡咖啡馆，有一回结账发现钱不够了就把军帽留下作为抵押。如今这顶军帽被陈列在了玻璃橱窗中，成为“普罗科普咖啡馆”的镇馆之宝了。

因为太喜欢电影《天使爱美丽》，顺带着我也喜欢上了它的拍摄地巴黎蒙马特高地的“双风车咖啡馆”。这也是间百年老店，头顶是古旧的黄铜风扇，耳畔是慵懒的巴黎口音。电影中周游列国的花园小矮人结束了旅程乖乖地站在玻璃窗前，墙壁海报上爱美丽绽开狡黠的笑容。我跟托马点了几款 tapas 吃，味道可圈可点，没丢爱美丽的脸。结账时我们特意多给了女招待小费，要谢就谢爱美丽吧。

位于南法普罗旺斯小城阿尔勒的“夜间咖啡馆”（le Café la Nuit）每年都会迎来来自世界各地难以计数的凡·高迷。这间咖啡馆正是凡·高著名画作《夜间露天咖啡座》的原型，今日它也依旧保持着凡·高画作中的模样。群星闪耀的深蓝夜空下是明黄的露天咖啡馆，人们坐于桌前悠闲打发时光，温暖的灯光投映在卵石小径上。这间 1888 年就通宵营业的咖啡馆是凡·高当时的借宿之处。入夜后他便开始创作，画架支起，帽檐上放一圈小蜡烛，借着烛光描绘星空。凡·高说：“一家咖啡馆的外景，有被蓝色夜空中的一盏大煤气照亮的一个阳台，与一角闪耀着星星的蓝天。我时常想，夜间要比白天更加有生气，颜色更丰富。”谁说那些带着传奇色彩的咖啡馆只有巴黎才有呢？

5. 去赶集

在超市和小杂货店出现以前的久远年代里，集市担负着商品流通的重任。赶集在当年可是件大事，从针头线脑到油盐酱醋，日常所需的一切都仰仗集市供应。每逢大日子或是赶上大集市，不仅能采购到本地蔬果鱼肉，还有来自欧洲其他国家乃至全世界的各色商品。今时今日大型超市遍地，再加上方便的网购，法国人早已不指望赶集来添置日常用品了。但赶集的传统却热闹蓬勃地流传了下来。赶集日提着大竹篮悠悠然地逛到集市，东挑挑西捡捡，再跟街坊、小贩闲聊几句。现下集市的功用多少有点像大人的游乐场。又因为赶集的地方往往就是中世纪时的集市所在地，去赶集也像是一场与往日的握手。

我们当下生活的中世纪小山村 Najac 每逢周日上午在村中心都有个迷你集市。统共也就七八个当地农场主出来摆摊，有老大爷拿几捆小水萝卜也摆个摊，是名副其实的迷你。但一到夏季可就不得了了。Najac 和周边的小村小镇里各种热闹的集市层出不穷。我尤其喜欢村里每周三晚间的集市，那绝对是场美食的盛宴。法国南部充沛的阳光雨露滋养的橄榄、红酒，本地农场主自产自销的奶酪、蜂蜜，以及棉花糖、冰淇淋、北非风情的小点心和各式各样的烧烤。一块块切得整齐粉嫩的鸭脯排着队在火热的铁板上吱吱作响。待到鸭皮金黄焦脆，鸭肉绵软多汁，抹点芥末酱配炸得恰到好处的薯条吃。我跟托马正是在这个集市上吃到了最为细嫩鲜美的烤小牛肉串。现场烧烤的厨师也是养牛场的场主。这些小牛肉是他们夫妇经特殊方式饲养的牛犊肉，其口感与营养价值皆非普通牛肉能及的。厚实的牛肉块跟甜椒、洋葱串在一起烤，令人的口腹之欲得到巨大满足，恨不能为它写首赞美诗了。村广场的空地摆满了木头长桌、长凳。人们选了中意的食物，随便找个位子坐下。在夏日清爽的晚风中一边享受美食美酒，一边欣赏乐队的现场演出。小朋友们则随着音乐跳舞欢笑。偶尔的细雨蒙蒙也浇不熄大家伙赶集的热情。歌照唱，舞照跳，穿着雨衣撑着雨伞美食照吃。

靠山吃山，靠海吃海。布列塔尼的海边集市上多有螃蟹、龙虾等海货。佩里格的集市上则少不了当地特产的鹅肝酱。不仅有经典原味鹅肝酱、加入了名贵黑松露的鹅肝酱，还将无花果、草莓等水果挖空了填上鹅肝馅。这些水果鹅肝酱五颜六色，闪着诱人的光，不仅卖相可爱得让人无法抗拒，

果酱的味道也与鹅肝极搭。我跟托马生活在佩里格的 4 个月里每周三和周六都去市中心赶集。因为住的公寓在步行街上，所以溜达到集市顶多也就几分钟。佩里格的集市规模相当可观，分为室内和室外两部分。硕大的遮阳伞一个挨着一个，伞下摊位售卖的商品五花八门。从鲜花、蔬菜、水果、奶酪、火腿、烤鸡到香皂、围巾、背包无所不有。集市上还有位专卖巴黎小蘑菇的大婶，她在佩里格集市支摊子卖蘑菇已有 35 年了。她只用马粪施肥，培植出来的蘑菇异常鲜美，口感既扎实又绵软。洗净切碎简单加点盐和胡椒拌沙拉就很美味，食材本身够新鲜的话才用不着花里胡哨的调料呢。有时候我们整夜没睡，在晨曦中来到广场。看着摊主们陆续驾车抵达，卸下如山的海鲜、蔬果，支起摊位，整齐漂亮地码好。这般琐碎热闹的日常生活看了不仅觉得有趣，更令一颗心都静了下来。我想起胡兰成对张爱玲那句未能实现的“岁月静好，现世安稳”的承诺。

我跟托马逛过的最特别的集市还得说是斯特拉斯堡的圣诞集市。斯特拉斯堡别号“圣诞之都”，欧洲最古老最大的圣诞集市就在此了。我们由南到北穿越了整个法国去赶集。在过去的两千年中斯特拉斯堡交替处于法国与德国的统治下。今日这座城虽属于法国领土，但郊区的一部分还是德国的。城中的建筑、饮食都受到法、德两国双重文化的影响。托马家族祖上居住的地方曾经属于德国，后来又划归了法国。往上追溯，从前欧洲那些个皇亲贵族差不多都是一大家子。各国间少不了几笔算不清的糊涂账。斯特拉斯堡的圣诞气氛浓得就像圣诞节在城中爆炸了一般，空气里弥漫着热葡萄酒的芬芳。造型各异的彩灯点亮了城市的夜空，整座楼都饰满了可爱的小熊。而作为一名不打折的吃货，我早早就刷亮了牙齿，准备好过一个舌尖上的圣诞节了！斯特拉斯堡的饮料全都是热的。葡萄酒要热热地喝，蜂蜜橙汁、肉桂苹果汁以及各种莫名其妙的果汁也都加热了喝。寒冷街头一个个巨大的铁桶气势如虹地冒着热气。买上一杯边喝边逛，既暖胃又暖手。在天津叫糖堆儿，在北京叫糖葫芦的玩意儿到了法国摇身一变就成了“爱的苹果”。竹签子上串的不是山楂而是一个大苹果，外面也裹了层晶莹剔透的糖。一咬嘎嘣脆，吃着特过瘾。还有一串串裹了巧克力皮儿的草莓、香蕉、葡萄、覆盆子，看上去跟糖堆儿更为形似。东西方美食总有异曲同工之妙。吃过街头胖厨子现摊的可丽饼我们又吃了张貌似比萨的薄饼。这薄饼是法国北方特色美食，饼上也放火腿、洋葱、奶酪什么的，只是饼皮极薄，边缘烤得脆脆的，三下两下就能吃掉一整张。吃饱喝足再选上几件圣诞树装饰、几款可爱的姜饼人，这场圣诞集市就算圆满落幕了。托马告诉我，法国人过完圣诞节好多犯肠胃病的。这不和中国人过春节一样嘛。的确，还有比胡吃海塞更适合庆祝表达欢乐的吗？

托马除了以顾客的身份赶过集外，童年时还跟着他妈妈去集市卖过自家种的甜瓜。20 世纪 70 年代法国刮起了一阵“回归田园”风，城市青年纷纷走入乡村。当年他妈可是个女汉子，自己种了整个山坡的甜瓜。到了收获季每天下午收割，清晨起个大早开着面包车奔赴不同的集市去卖。因为各村镇赶集日不同，商贩们每天都去往不同的集市赶场。还是个小朋友的托马已经很懂事了，妈妈在集市卖甜瓜时他总搭把下手。每次抵达集市得先跟管理员申请摊位并缴费。选摊位跟买房一样，地点至关重要，不同地点的摊位费用亦有差别。选摊位还得注意别占了人家的固定位置，不然可少不了一场架。就这样在集市自产自销获利还挺丰厚，特别是现如今，集市比超市贵得可不是一星半点儿。话说回来，集市的功能早从采购转变为娱乐啦。

6. 法国节日一览表

先说说学生族和上班族的放假情况。自 1964 年开始法国南方的学校和北方的学校放春假、寒假的时间不再同步。这大大减少了交通堵塞的情况，也避免了滑雪胜地在冬季爆满。上班族一年放假 150 天，只要在一家企业工作满一个月就可以享受带薪休假。带薪休假时间呈逐年递增趋势，1936 年为两周，1956 年为三周，1969 年为四周，至 1982 年带薪假期已经达到了五周。大部分人都会选择在七八月份去海边或山上度假，到时候通往南方的七号国道会车满为患。

法国的公共假期主要跟宗教有关，以 2016 年为例总共放假 11 天。其中 5 月份节假日最多，正所谓最美人间五月天嘛。友情提醒一句，5 月外出办事记得看皇历，节假日可哪都关门。假如公共假期正好赶上周末那就对不起了，不补休。

元旦（Jour de l'An），1月1日。打从1810年法兰西第一帝国那会儿元旦就放假了。12月31日晚上得与亲人、朋友共享新年大餐，喝香槟，午夜零点钟声响起时大家彼此亲吻。

复活节星期一（Lundi de Paques），复活节的转天星期一也放假。复活节在法国算第二大节日了，法国妈妈们忙着准备丰盛的复活节大餐，孩子们忙着在花园中寻找父母故意藏起来的巧克力蛋。

劳动节（Fête du travail），5月1日。1889年7月17日，各国马克思主义者召集的社会主义者代表大会在巴黎隆重开幕。这次大会上法国代表拉文提议将1886年5月1日美国工人争取八小时工作制的斗争日定为国际无产阶级的共同节日。自此，"五一"国际劳动节诞生。

"二战"停战日（Fête de la Victoire），5月8日。1945年5月8日，戴高乐将军广播讲话宣布战争结束，所有教堂钟声响起，人们高唱马赛曲走上街头纵情欢庆。这一天成为第二次世界大战西欧战场结束的纪念日。

耶稣升天节（Jeudi de l'Ascension），复活节后40天的星期四。法国传统宗教节日之一，生灵万物皆要在这一天庆祝春天的降临。

圣灵降临节星期一（Lundi de Pentecôte），复活节后50天是圣灵降临节，也称为五旬节，纪念耶稣复活后差遣圣灵降临而举行，转天星期一也放假。

国庆节（Fête nationale française），7月14日。1789年7月14日巴黎人民攻克巴士底狱，揭开了法国大革命的序幕。为纪念这一象征着自由与革命的日子，这一天被确立为法国国庆日。当天香榭丽舍大街上会举行大规模的阅兵仪式，大城小镇都有庆典活动，夜晚燃放烟花。

圣母升天节（L'Assomption），8月15日。又被称为圣母升天瞻礼和圣母安息节，是关于圣母马利亚最古老神圣的节日。纪念圣母远离尘世，灵体一齐被接进天堂。

万圣节（LA Toussaint），11 月 1 日。法国的万圣节类似于国内的清明节，民众会去公墓献菊花。当天天主教堂祭拜一切圣灵，转天则举行亡灵纪念仪式。万圣节前夜在家门前摆上刻好的南瓜灯，然后就等待喊着“不给糖就捣乱”的小朋友上门讨糖吃吧。

“一战”停战日（L’Armistice），11 月 11 日。1918 年 11 月 11 日德国投降，第一次世界大战结束。当天会在巴黎的凯旋门举行隆重活动以纪念所有为国捐躯的先烈英灵。

圣诞节（Noël），12 月 25 日。一年一度的圣诞节是法国人最重要的节日，相当于我们的春节。节前各地的圣诞集市都红红火火地开张了，各家采购圣诞树、礼物和饰品。圣诞节前夜合家团聚，并以树干蛋糕结束延续了一整晚的盛宴。

除了上述的法定节假日外，法国的主要节日还包括：

三王来朝节（Fête des Rois），1 月 6 日。也叫主显节，为纪念东方三博士朝觐耶稣显身而设立。节日在圣诞节后的第 12 天，也被称为“小圣诞”，标志着圣诞节的结束。依照传统，节日当天人们要分食国王薄饼，薄饼中藏一颗蚕豆，食到蚕豆的人即为当日的“国王”，“王冠”加冕，并可选择当日的“王后”。

圣蜡节（La Chandeleur），2 月 2 日。既是个宗教节日也是个美食节，家家户户都要摊大张大张金黄美味的可丽饼吃。圆圆的饼象征圆圆的太阳，冬日将尽，万物复苏。

情人节（Saint Valentin），2 月 14 日。浪漫如法国人，什么节不过也得过情人节呀！玫瑰和烛光晚餐？拜托，这可是拼创意的时候。前两年情人节那天早晨有大量装着玫瑰的透明小盒子出现在巴黎的大街小巷，有些被粘在墙上，有些被粘在长椅上……假如走在街头对谁一见钟情了便可随手取一支玫瑰送给她（他）。法国人的浪漫段位还真名不虚传！此外，法国贝里香槟地区还有个小镇名字就叫“情人”（Saint Valentin）。和情人节有关的一切都可以在那里找到，像情人花园、情人树、情人邮局……甚至还有条路被命名为“2 月 14 日”。还有比那更适合过情人节的吗？

柠檬狂欢节（Fête du citron），2 月至 3 月。位于法国东南的小镇芒顿盛产柠檬，其柠檬酸性强，金黄饱满，香味浓郁。为庆祝丰收小镇每年用数以万计的柠檬和柑橘搭建起一座座巨大的雕塑，有城堡、有恐龙、有火车、有大象……新奇有趣，惟妙惟肖。欣赏完了柠檬雕塑，还可以看柠檬花车游行以及街头艺人的表演，最后还有一场人人参与其中以柠檬为“武器”的大混战。2015 年的柠檬狂欢节主题是凡尔纳的几部著作，2016 年的主题则是电影之城“Cinecittà”。不少政要和明星也被吸引到芒顿加入了狂欢的队伍，比如英国的伊丽莎白女王、钢琴家李斯特、雕塑家罗丹等。

狂欢节（Mardi Gras），复活节前 47 天。这一节日又被称为“油腻星期二”，顾名思义节日当天得大吃特吃油炸类高热量高脂肪食品。本来起源于中世纪天主教徒在复活节斋戒前“吃喝玩乐”的活动，现已被过成了嘉年华式的狂欢节。尤其尼斯狂欢节，是世界著名的三大狂欢节之一。花车、游行、音乐会、烟花秀……持续两周的狂欢每年都吸引到来自世界各地的 120 万名游客。

格拉斯玫瑰节（Expo Roseà Grasse），5 月。小城格拉斯是法国的玫瑰园，也是世界香水之都。春光明媚的 5 月徜徉于格拉斯的玫瑰花海，空气中充盈着馥郁的玫瑰芬芳。张爱玲说：“也许每一个男子全都有过这样的两个女人，至少两个。娶了红玫瑰，久而久之，红的变了墙上的

一抹蚊子血，白的还是‘床前明月光’；娶了白玫瑰，白的便是衣服上沾的一粒饭黏子，红的却是心口上一颗朱砂痣。”在你心中，哪种玫瑰才配得上“皇后”的称号呢？

戛纳电影节（Festival de Cannes），5 月中旬。创立于 1939 年的戛纳电影节是世界顶尖的国际电影节，最高奖为金棕榈奖。每逢电影节开幕，全世界大大小小的明星都排队送钱来蹭红毯，就为混个脸熟。虽然走个红毯花费不菲，可回报更大呀。在戛纳镀层金气质和知名度立马提升好几个档次，收入自然也是水涨船高了。

母亲节（Fête des mères），与国内不同，法国的母亲节是5月的最后一个星期日。其实早在1806年，拿破仑就决定设立母亲节了，但直到1918年才在里昂举行了第一次母亲节庆祝活动。1950年，母亲节在法国正式成为法定节日。一个问候的电话，一份贴心的礼物，为母亲送上节日的祝福。不管哪个国家，在母亲心里再贵重的礼物也比不上孩子的陪伴，尽可能地常回家看看吧。

父亲节（Fête des pères），6月的第3个星期日。祝福完了母亲，也别忽略了父亲。

音乐节（Fête de la musique），6月21日。从1981年起，每到这一天音乐人、乐团都会走上街头免费为民众演出。从古典音乐到流行音乐，从业余的小学生乐队到专业的摇滚乐团，这股强劲的音乐狂欢风不仅席卷全法，还吹到了全球五大洲340多个城市。

亚维农戏剧节（Festival d'Avignon），夏季六七月间，持续近1个月。在普罗旺斯薰衣草盛放的时节，也迎来了一年一度的亚维农戏剧节。戏剧节分为IN和OFF两部分，IN部分法国政府出资邀请，创建于1947年；OFF部分剧组自行出资，创建于1966年。今日的亚维农戏剧节是世界三大戏剧节之一，节日期间古城被浓厚的戏剧氛围所包围。广大民众通过这一出出的戏剧提高了自身的艺术修养与文化情趣，创始人戏剧导演让·维拉尔得偿所愿。

圣喀德琳节（Sainte Catherine），11月25日。这一天巴黎年满25岁的未婚姑娘会头戴别出心裁的黄、绿两色帽子到圣喀德琳雕像前献花然后开派对。大龄未婚女青年碍着谁了？该乐和也得乐和呀。

7. 购物！购物！购物！

法国作为世界排名第一的旅游大国，肯定不会发生让游客空手而归这种事的。从奢侈品到美酒再到艺术品可谓应有尽有，琳琅满目。购物狂到了法国肯定有种小朋友进了糖果店的感觉。赶上 1 月和 7 月的打折季，再加上高达 12% 的退税，轻轻松松便赚回机票钱。

全球价值最高的十五大奢侈品中法国品牌占了五席，其中只 Louis Vuitton 就占十五大品牌价值总和的近 30%。所以在法国购物首选奢侈品，各一线品牌与顶尖设计师都在法国设有专卖店，且售价比中国国内还低上了一大截。特别是本土品牌的时装、珠宝、腕表、手袋和化妆品，在法国买最为划算。这些著名本土品牌的不完全名单包括：皮具起家的 Louis Vuitton、马具起家的 Hermès、帽子店起家的 Chanel 以及 Christian Dior、Yves Saint Laurent、Jean Paul Gaultier、Givenchy、Lanvin、Chloé、Cartier、Van Cleef & Arpels、Lancôme、Balenciaga、Agnes b、Roger Vivier 等。全球 31% 的奢侈品都被购买力超强的中国游客给买走了。也得说托中国游客的福，法国的奢侈品行业才经营得风生水起。法国人自己是不怎么热衷购买奢侈品的，Longchamp 饺子包倒是几乎人手一只，不过价格又算不上奢侈品。

法国是历史悠久的葡萄酒产地，酿制出的品质卓越举世闻名的顶级葡萄酒不胜枚举。葡萄酒自然也成为去法国的必买品。买葡萄酒最好直接去酒庄买，可以在酒庄中悠闲地逛逛酒窖，品品各色美酒，再选最合自己口味的买。法国有六大葡萄酒产地——波尔多、勃艮第、香槟、阿尔萨斯、卢瓦尔河谷及罗纳河谷。外加赫赫有名的八大酒庄——拉菲酒庄、

L'OCCITANE
L'OCCITANE
L'OCCITANE
L'OCCITANE

拉图酒庄、柏图斯酒庄、奥松酒庄、奥比昂酒庄、玛歌酒庄、白马酒庄和木桐酒庄。去这些金字招牌的酒庄品酒采购自然不会失望而归。我跟托马也去过不怎么知名的酒庄买葡萄酒，其实味道也可圈可点。要是没那么多讲究的话，超市也是个买葡萄酒的好所在，价格平实，选择性也不小。中国国内动辄卖上百元的进口红酒在法国超市里三五欧元就买到了。

艺术爱好者到了法国不能不逛逛那些遍布大街小巷的画廊，或许会邂逅一幅打动你心的作品呢。古董收藏家应当去古董店捡捡漏，爱穿古着的可以去古着店淘淘宝。去布列塔尼旅行的话记得捎上几款仙气逼人的传统蕾丝，传说印象派大师高更也曾从中汲取灵感呢。古城利摩日就相当于法国的景德镇，走过路过一定得去买几件瓷器。买香水除了去连锁店 Sephora，还可以直接去产地格拉斯。想买稀有名贵的黑松露和鹅肝酱去佩里格，想买美轮美奂的陶器就去吉昂。此外，还有马赛的香皂、普罗旺斯的香草、第戎的芥末酱以及没完没了的美味甜点和奶酪。

关于退税需要注意以下几点。首先只有持非欧盟成员国护照及有效期在 6 个月以内的短期申根签证或过境签证者才能享受退税。可以退税的商品不属于商业经营性质，必须是观光零售性质。同一天在同一家店所买商品含税价高于 175 欧元才能退税。开退税单时得出示护照，所以购物时别忘了带护照。此外携带购买的商品离境不能超过 3 个月，寄回退税单不能超过 6 个月。打算办理退税的商品也别开封使用，以备海关查验。离境时持电子机票、护照、退税单及办理退税的商品在机场海关服务台盖章验证。选择现金退税的话当时就能领取，扣除手续费后退税比例为 10.8%。选择转账的话退税比例更高，达到 12%，就是耗时比较长。去机场退税有可能排队，需要留出足够富余的时间。假如在老佛爷这类商场购物也可选择在商场直接退现金，退税比例在10% 左右，但须以信用卡担保。

19 世纪末开业的老佛爷百货商场可以说是巴黎的时尚文化发源地和潮流地标。商场曾凭借宫殿般豪华的装修轰动一时，主楼拜占庭风格金碧辉煌的彩色琉璃穹顶 1912 年甫一建成便登上了巴黎各大报纸的头条。说起来“老佛爷”这一名字既不是慈禧太后御赐的，跟现任 Chanel 首席设计师、人称“老佛爷”的卡尔·拉格斐也没什么关系。它其实就是法语原名“Lafayette”的音译，翻译成“老佛爷”亦恰好符合其购物圣殿的江湖地位。巴黎那么多购物场所却没有一家能比得上老佛爷的知名度，它简直成了跟埃菲尔铁塔一样必须到此一游的景点。商场内汇集了全球各时尚品牌的名品、新品，一站式买齐全家所需。近几年商场内更增加了中文导购，扫清了与中国游客钱包间的最后一点语言障碍。商场内闲逛，常见拎着好几个 Louis Vuitton、Chanel 血拼得红了眼睛的同胞。法国不少城市都有老佛爷百货商场的分店，比如里昂、马赛、图卢兹、奥尔良……好消息是，如今不去法国也能逛老佛爷了，它的分店已经开到了北京。

再介绍下法国几个主要城市的购物街。去巴黎购物除了香榭丽舍大街外，还有与其相邻的由乔治五世大街、弗朗索瓦一世街和蒙田大道组成的著名购物黄金三角。那里汇聚了几乎全部奢侈品牌及最有代表性的法国品牌，绝对称得上走在全球潮流的最尖端。里昂的半岛街区也有个黄金方块，在三个广场间聚集了几十家奢侈品店。此外共和国街还有条步行购物街也可以逛逛。马赛的拉图尔路上有多家本地先锋设计师的品牌店，这条路也因此被重新命名为“时尚之路”。在马赛最古老的帕尼埃街区则可以买到当地特产以棕榈油制成的马赛香皂和传统的马赛刺绣。邻近马赛的购物村（plan de campagne）1960 年开业，是欧洲最大的购物中心，面积达 25 万平方米，周日也营业哦。波尔多的奢侈品店主要集中在昂代当丝林荫大道、乔治 · 克莱蒙林荫大道和多赫尼各林荫大道的相交地带，被誉为当地的购物金三角。图卢兹的时尚街区则在阿尔萨斯 - 洛林街、梅兹街以及圣 · 安东尼街。法国商店的橱窗都布置得极具有美感与趣味，就算只是间卖奶酪的小铺子也会花心思将自己的玻璃橱窗打扮得精致可爱。所以即使不热衷购物，也可以享受下在法国逛街的乐趣，正所谓“橱窗购物”（lèche vitrine）。

FRANCE
NON-PRETENTIOUS
GUIDE

第四章

法国人在想什么

1. 如斯法国人

想知道法国人是什么样的人得先来看看法国电影。比如 1981 年皮埃尔·里夏尔主演的喜剧片《霉运侦探》。剧中企业大亨总是霉运连连的女儿在墨西哥失踪了，大亨百般寻找无果的情况下只能求助于同样霉运连连的私家侦探。希冀坏运气能找到坏运气，负负为正。最终在一系列坏运气的促成下大家终于得偿所愿。法国电影中找不到好莱坞式高富帅的超级英雄，其主角往往是矮矬穷的屌丝。法国人还满意地将这些屌丝美誉为“反英雄”，每逢有反英雄的电影上映法国人就格外买账。甚至给小孩看的卡通片也是这个调调，法国动画家布鲁诺·彼安齐创作的《神探加杰特》就是个好例子。片中的改造人加杰特侦探总是稀里糊涂的，多亏小侄女和狗狗暗中帮忙他才能歪打正着，化险为夷。诸如此类，法国卡通片大都有个《碟中谍》的开头，一路发展下去就变成了以《粉红豹》结尾。法国文学也跟法国电影品味一致。以都德的《磨坊文札》为例，描述的皆是质朴的普罗旺斯乡间生活以及阳光下小人物的忧伤。法国人从不相信“到了最后一切会好”，他们认为“到了最后不外是衰老和死亡”。在这样的人生哲学指导下法国人成了对世事持悲观态度的乐观主义者，一边做着吐槽帝，一边拼命度假享受。

其他西方国家往往评价法国人高傲，还编了这么个笑话——法国总统戴高乐死后进了天堂，天使问他打算跟上帝说些什么呀，戴高乐想了想回答：“那要看上帝先生法语怎么样了。”之所以会产生法国人高傲的偏见，大概是还受着当年拿破仑野心扩张的影响吧。要是将持这种想法的人送到当下的法国生活一段时间，他肯定会惊讶地发现原来法国人吐槽起自己来是如此的毫不留情。从本国的时事政治到经济改革，法国人都是一肚子牢骚，仿佛压根儿就没满意过。当然这也说明他们还挺有自省精神的。2015 年夏季法国遭遇热浪袭击，比热浪更猛的则是一大波法国人吐槽。有的说出门遛着遛着小狗就被烤熟了，变成了传说中的“热狗”；有的说带着包玉米外出，回家一看变爆米花了；塞纳河被烤干了，巴黎的猫都躲冰箱里避暑去了。在此我也借花献佛地吐个槽，自打到了法国我都忘记空调长什么样了。哪位有把梳子卖给秃头的本事赶紧来法国开发空调市场吧。

除了爱吐槽，法国人还个个是话痨。针对这一点其他西方国家又贡献了笑话一则——请问法国人游泳时为什么呛水呢？因为在水里他们也管不住自己那张嘴总要唠嗑。不论相识已久的还是素昧平生的，法国人都能一聊半天。我跟托马房车旅行途经奥尔良，在河边看天鹅时偶遇一位摄影师。托马跟他一聊就是一个多小时，从天鹅聊起，最后竟然聊到了摄影师的家族遗传病。我在一旁听着真是佩服得五体投地。在我们村就更不敢随便让托马出门了，被哪个邻居逮住没半小时肯定回不了家。有次家里的自来水出了故障，正洗着半截澡的我等着托马去门口开水的总阀门。谁料他一开门就遇上个邻居，聊着聊着便把我交代他办的事给忘得一干二净了。我就这么带着一身的泡泡等啊等啊，等得脾气都没了。

相比邻居德国人，法国人的组织纪律性似乎差了那么一点，或者说他们比较无拘无束。不管发生什么事法国人总是一副举重若轻的放松态度。就算房子失了火，法国人八成也会说着什么急呀，反正火还没烧到客厅呢，先喝杯咖啡再说。最后还得加上那句经典的“C’est la vie”（这就是生活）。我跟托马在国内乘火车时，眼看就到开车时间了，大家伙儿都一路小跑着往站台赶。我也摆好了百米冲刺的架势，却被托马给拦住了，“跑什么呀！不是还有两分钟嘛。”就算真的误了火车误了飞机托马也不着急，“不是还有下一班呢嘛。”假如遇上法国人赴约迟到的情况就别较真了，他心里肯定已经原谅自己了，“迟到而已，又不是世界末日。”

法国人并非没有傲骨，就跟我们谈到“伟大的祖国幅员辽阔，地大物博”自豪感会油然而生一样。不过他们倒没有炫富的习惯，一般来说越富有的人就越低调。我们村里住着看得到风景的大房子的富豪开着的却是又老又旧的小型车，连车漆都褪色了。人家不需要去向谁证明什么了呗。而一些基层的蓝领工人从银行贷款也要买辆二手的宝马充面子。

任何过于直接与明显的东西在法国人眼中都是尴尬的，他们的好品位就是这么无处不在。即便给别人提意见法国人也是彬彬有礼的，他们表示对立的方式就是以一种保持距离的态度。

法国人对日常生活中的礼节极为重视。每天早晨一家人要互道早安，临睡前又要互致晚安。进入商店、酒吧或餐厅必打招呼，介绍认识某人时须亲吻脸颊。说起来法国人一天中握手的次数比洗手的次数还要多。托马每次去健身房一进门先得跟所有人逐个握手，有时候花在握手上的时间比做运动的时间还长。在超市排队结账时若遇上排在前面的人买东西特多而排在后面的人买东西特少的情况，前面的常会让后面的先结账。路边遇上汽车抛锚总有人伸出援手，帮助陌生人是寻常事，这也是为什么当下的法国仍有不少搭顺风车的旅行者。人人为我，我为人人，大家守望相助，社会作为一个整体而存在。

不能不提的是今日已经有 1/3 左右的法国人单方或双方父母为移民。移民数量的迅猛增长为传统的法国社会格局带来新的挑战。本身为西班牙移民的法国影星让 · 雷诺在媒体采访时说他不相信穆斯林移民能够融入欧洲。“当你观察那些来到欧洲的移民，你会发现融入欧洲的移民都不是穆斯林。那些决定保留自己的文化，而这个文化又是以宗教为基础的，那无论在学校还是在法国社会，都会是问题。”没想到让 · 雷诺不只演技好，还具备这一语中的的智慧。历史正在发生……

2. 在法国做农民

这年头一提农民马上就联想到弱势群体了。想当年古罗马那会儿当农民可是个好差事。既能够自给自足，又有充足的时间去思考宇宙和人

生。作为一名公民，一个自由人，最完美的生活莫过于此了。那些给别人打工的，即便做到了白领也达不到这一理想的生活标准。那时候的农民同时还是为国出征的勇士，在天地间的辛勤劳作也为他们应对艰难的战争做了准备。在奴隶制的古罗马，独立自主、不依附于任何人或组织的农民却成为拥有全部公民权的自由人。

曾经法国的农民也有过黄金时代。法国作为欧盟最大的农业生产国，其农产品出口量仅次于美国，居世界第二。自法国大革命以来农民成为自己耕种土地的主人，并因数量庞大在政治上也掌握着话语权。遗憾是人无千日好，花无百日红。后来，随着农业生产机械化与农场大型化，越来越多的人走入城市，农民数量骤减。19 世纪时大约 75% 的法国人都是农民，到 1945 年仍有 1000 万法国人从事农业生产，而今时今日法国农民数量却下降到了只有 100 万人。一个个曾经繁荣热闹的村庄或者被荒弃了，或者干脆就从地图上消失了。从法国中部到东部很大一片区域被称为“空虚对角线”（la diagonale du vide），那里人口稀少，经济相对落后。20 世纪 70 年代至 90 年代只需花很少的钱就能买下“空虚对角线”上的整个村庄，连村中的教堂、市政厅、学校等也一齐打包附赠。看到这肯定有不少土豪揣着银行卡急着到法国来买村儿了，抱歉地通知您现在法国已经没这等好买卖了。

说起来法国政府也算是大力投资和扶植农业的，对农民实施税收优惠政策，提供低息贷款和低价土地，还建立了农民社会保障体制。在农民中普及农业知识，提高专业素养。并且凭借发达的工业基础研制生产各类现代化农机具，提高生产效率。开车路过农场常见各种有趣的大型农机具，有些光是猜测它的用途就得猜上半天。还有那些崭新漂亮的拖拉机，据说都价格不菲，农民开上它肯定有种类似飙法拉利的快感吧。最近听说连小型无人驾驶飞机也加入了农机具的队伍。再加上法国本身的自然条件优越，农民们谈不上面朝黄土背朝天地吃苦。不过他们赚不到钱是真的，症结也在于政府。

法国执行的农业环保及食品安全标准较其他欧盟成员国严格得多，法国的劳动力成本也比那些东欧和南欧国家高。这样的情况下法国的农产品自然竞争不过其他欧盟成员国的低价农产品。邻居德国面对本国劳动力成本高的问题果断雇用了大量来自罗马尼亚、波兰等东欧国家的廉价劳工，而且德国执行的农业标准也没有法国高。法国也有不少东欧来的劳工，可法国跟德国不同，移民政策太宽松，这些东欧人到了法国就领上法国标准的工资了。法国的大公司对此找到了应对方案，都将加工厂开到劳动力成本低的海外去了，可农民们怎么办？

法国农民生气了，后果很严重。为抗议农产品价格下跌，极富想象力的法国农民开着拖拉机浩浩荡荡地进了城，还封锁了德国、西班牙等国廉价农产品进入法国的道路；像罗宾汉一样打劫了超市的运货车并将车上的酸奶分发路人；猪肉价格也下跌了，消费者开心了，养猪场场主可郁闷了。一不做二不休，干脆将猪赶到超市的生鲜区养了起来。这下小猪们也开心了，在超市里跑来跑去撒开了欢儿；政府出台了针对野狼的动物保护政策，农民们又不爽了，要是野狼把我们的羊给吃了谁负责？巴黎没有狼，咱上埃菲尔铁塔下边放羊去。去铁塔前羊群们还去卢浮宫的玻璃金字塔逛了逛，可真是群见多识广的羊啊；政府不作为令俄罗斯土豆侵占法国市场。土豆卖不出去了，咱也将土豆都倒在巴黎市中心。近 50 吨土豆堆在了共和国广场雕像下，这可造福了巴黎市民，短期内不需要去超市买土豆了；连鸡蛋、苹果、南瓜政府也要限制价格，全倒大街上咱不卖了！什么？牛奶也限制价格了？这回任性的法国农民直接把牛赶到了比利时的欧盟总部门口，喷射牛奶；政府限制农民使用天然粪肥，说是天然粪肥中的硝酸盐会造成土壤过度氮化。储存的天然粪肥留着也是浪费，农民兄弟们又出发了，都喷在了市政厅大楼上；最狠的还得说这位农民大叔，为了解释农民的苦处，大叔带着他的牲口一起去了税务局。事后税务局花了 320 欧元来打扫卫生，还把大叔告上了法院。法院判决大叔赔偿这 320 欧元的打扫费用外加赔礼道歉。大叔表示服从判决，背着一大麻袋的一分钱硬币以及上次肇事的牛羊亲笔签名的道歉信再次来到了税务局……

每年 2 月底的巴黎农展会是总统及所有政客必到的展会。以往的惯例是展会前总统需禁食并服用帮助消化的药片，总之就跟吃自助餐扶着墙进扶着墙出的原则差不多。参观展会跟逛庙会似的，一边欣赏漂亮的冠军动物，一边花上好几个小时的时间品尝各地红酒、奶酪、火腿什么的。2016 年法国总统奥朗德抵达会场正准备甩开腮帮子大吃一顿呢，不料迎接他的却是愤怒农民的抗议和嘘声。一家祖孙三代，爷爷脖子上挂

着“我曾经是农民”的牌子、爸爸挂着“我现在是农民”的牌子，小孙子的牌子上则写着“我呢？”群情激愤时农民兄弟捣毁了农业部的展台，差点演变成一场暴乱。眼见事态几近失控，总统先生只得在警察的护卫下匆匆逃离会场，什么都没吃上还落了一肚子的委屈。

官方数字显示，法国每年约有200名农民自杀，而农业活动家则坚称这一数字已达到了600名。田园牧歌已成往事，当下的法国农民辛勤劳作却收入微薄，精神压力不容小觑。向上追溯，差不多人人的先祖都是农民，包括那些身居要职的政客。农民亦是法国传统的坚守者。若没有农民遵循特殊的方法养猪和放牧山羊，法国著名的巴约纳火腿和山羊奶酪就面临失传的危险。有时我跟托马看了晚场电影开车回家，路过农场时发现夜幕下农民还在开着拖拉机工作，那一刻心里禁不住为他们涌上了一丝忧伤。

3. 养懒人的高福利

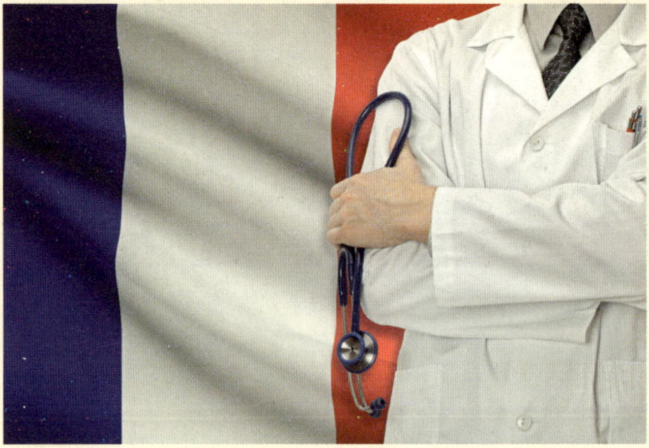

法国的三色国旗中蓝色象征着自由（liberté），白色象征着平等（égalité），红色象征着博爱（fraternité）。“自由、平等、博爱”正是法兰西共和国的国家宣言。其中“博爱”这一条意味着大家亲如兄弟，同舟共济，守望相助。孙中山先生也曾说，“博爱云者，为公爱而非私爱，即如‘天下有饥者，由己饥之；天下有溺者，由己溺之’之意。”博爱体现在社会体制中即为国家福利。

历史上法国医疗、教育等方面的社会福利都是由教堂负责的，那时候统称为慈善。法国大革命前好几位国王也开过福利院。比如“太阳王”路易十四下令兴建的巴黎荣军院（les invalides），将那些用生命和鲜血保卫国家的军人安置于此安度余生。直至今日巴黎荣军院依旧行使着初建时安置伤残病老军人的功能，同时它也是拿破仑的安息之地。随着工业的迅猛发展，19 世纪时法国出现了“互助保险”（mutuelle），也就是工人们将资金集中起来管理以防万一的保险形式。当下法国的社会福利政策则是“二战”后在法国共产党的影响下才开始制定的。今时今日法国用于社会福利的支出占国家 GDP 的 33%，居全球首位。

法国的社会福利完善到什么程度了呢？法国老百姓从还没出娘胎直至死亡可享受多达 400 种福利保险。并且不论国籍，只要具备合法居留身份就在福利保险范围之内。包括留学生也可享受住房补助、超低价医疗保险、育儿补助、地铁票折扣以及免费教育等。连外国人都照顾得如此周全，法国也的确担得起“博爱”二字了。

首先国民教育从小学到大学一路免费，家庭收入低于一定标准的话孩子每学期还有开学补助和上学补助领。3 岁以下的小朋友可以上政府补贴的幼儿园，且家庭收入越低、孩子越多，幼儿园的收费就越低。法国政府鼓励生育，收入低于一定标准的话，在母亲怀孕期间即可领取数百欧元的生育补助，孩子出生后至，3 岁每个月还可享有 180 欧元左右的幼儿补助。不论收入水平如何，有两个以上孩子的家庭皆有额外的家庭补助，且孩子越多，补助越多。不仅亲生子女有补助，连领养的孩子也一视同仁。此外，低收入家庭雇用保姆照顾小孩也有补助，随着孩子成长补助逐步增加，直至孩子找到工作为止。单亲家庭有补助，家有残障孩子也有补助，成年残障人士更得有补助了。对没工作或低收入的家庭根据人口数按月发放最低生活保障金。失业者于失业两年内每月可领取最高达 5000 欧元的失业金，有些人就因为这项福利会故意给自己放两年的“带薪假”。同时，收入低于一定标准者，租房有租房补助，贷款买房还有贷款补助，就算搬家也有搬家补助。前文提到法国医疗保险全民享有，上班族每年只缴纳相当于一个星期最低工资的医保费即可，失业、无业者完全免费。此外法国各城镇均有免费食物领取处，低收入、失业及无业人员都可以去领取免费食物。多年前托马曾在这样的救助站做过分发免费食物的义工。从土豆、火腿到牛奶、面包什么都有，就跟个小型超市一样。各项社会福利之间还可以累加，比如享有房屋补助的同时也可享有育儿补助。

据官方统计法国有 800 万穷人。本着穷人优先原则，事无巨细、无比慷慨的法国社会福利系统帮助了大量需要帮助的人。比如呈上升趋势的单亲家庭，国家的帮助确实给了那些一边忙工作一边辛苦照顾小孩的单身父亲（母亲）支撑下去的力量。从另一个角度来看，如此优越的国家福利也养了不少懒人。法国有这么句话——被国家视为穷人意味着发财。有人算过一笔账，某些情况下不具备高学历和特殊技能的劳动者工作赚的钱还没有不工作领国家福利得到的钱多。谁能给他们一个去工作的理由？除此之外日益增多的非洲移民也给法国政府带来了沉重的经济负担。这部分人可是吃国家救济的专业户，住着免费的福利公寓，领着各种补助，没事儿就猛生娃，娃越多领的补助越多。

法国的社会福利金 70% 以上来源于企业税收，另有 13% 来源于捐赠，剩下的部分由个人负担。从核能到奢侈品，法国在各个领域都有国际顶尖的大公司，但高昂的税收却难免拖了这些公司的后腿。企业做出一定程度牺牲的结果是法国社会不平等程度越来越小，普罗大众都拥有较高的生活水准。虽有企业缴纳的重税支撑，但社会福利支出的不断增加仍令法国政府相当头疼。政府多方寻求解决方案，可一旦试图削减养老金或延长退休年龄就会引起大规模的罢工游行。所以至今为止还没有任何一届法国政府成功地减少过公共开支。虽说钱紧，可圣诞节还得过，圣诞福利也不能削减。这不“嗖”地一下又发出去四亿欧元的圣诞红包。

4. 法国家庭观念

两千多年前古希腊哲学家亚里士多德曾说："国家就是家庭与村坊结合成为一种完美自足的生活，所谓完美自足的生活就是幸福与荣誉的生活。政治社会的存在是为了高贵的行为，而不仅仅是为了单纯的共同相处。"《圣经》中也写道："他的王国是他的家，他是王国之父。"法国文化的形成深受《圣经》与古希腊哲学的影响，这也是为什么中世纪那会儿法国出现了这么句谚语——"治国与齐家，区别只在于治理的界限。"想当年女权主义还远未兴起，法国也曾是男权主义的天下。丈夫是一家之主，"父为子纲"，"夫为妻纲"。妻子的法定名称为"贱内"（imbecillicitas sexus），言谈举止均要符合法国版的"三从四德"。人生而不平等，打老婆是上天赋予男人的权利。不过就跟柔道、散打一样，打老婆也得遵循一定的套路。诸如不能往死里打，避免打断胳膊这类的。先不说女人水性杨花，就算只是未经丈夫同意与男人见面也得进监狱。身为家庭主妇不勤俭持家还乱花钱？当然更得关进监狱里反省反省了。在中世纪的诺曼底，女人连剪短头发的权利都没有，否则丈夫惩罚她时怎么揪头发？托女权主义的福，如今的法国家庭中女人排在第一位，狗排第二位，孩子排第三位，男人垫底。前段时间巴基斯坦"伊斯兰委员会"宣布，"老公可以轻轻地打老婆。"当今世界敢名正言顺、明目张胆打老婆的估计也只有他们了吧。只是不知这"轻轻地"如何界定，难不成依各人体力而定？

市面上流行的说法是西方人家庭观念淡泊。的确东西方观念有诸多不同之处，但这浓与淡却要看从哪个角度去审视了。中华传统文化重孝道，从古代便流传下《二十四孝》的故事，更有"百善孝为先"的话。

由于社会养老制度健全，法国人没有“养儿防老”的想法。子女亦不奢望父母给买婚房，啃老族当然也没听说过。再说了国家也有专门针对青年的补助，不存在啃老的必要。父母子女间彼此独立，相互尊重，多是朋友般的相处模式。生日时打一个问候的电话；旅行时寄张小小的明信片；圣诞节一到则不论相隔多远全家人都要团聚，互赠礼物，共享美食，外加海阔天空地畅谈。偶尔祖孙三代一齐外出度假，共享天伦。但除非事先言明谁要请客，否则付款时多半是AA制。这样的家庭关系，没有牺牲成全，也少有剑拔弩张，有的只是一份“君子之交淡如水”般洒脱的温情。法国没有两代育儿，生几个小孩都是夫妇二人自己带。说起来法国人教育孩子确实有一套。想当年父亲可是极有权威的，动不动就将孩子送进监狱，赌博送监狱，不工作啃老也照送。不知跟这中世纪的遗风是否有关，当下的法国小孩仍旧彬彬有礼。美国记者帕梅拉·德鲁克曼来到巴黎后，惊讶地发现大人喝咖啡时小孩就安静地自己在一边玩。这事儿要搁美国那些被骄纵坏了的小王子、小公主身上连想都别想。同时呢，法国人又不像狼爸虎妈那样把孩子给管傻了，人家还挺富有创造力与艺术天赋。美国记者心想自己也得照法国的理念教育小孩呀，不然什么时候才能安安生生喝上杯咖啡。回家一咬牙就写出本《法国妈妈育儿经》，一不留神就登上了《纽约时报》畅销书榜冠军的宝座。

和世界其他国家一样，法国的离婚率也呈上升趋势。“二战”刚结束时法国的离婚率只有10%，如今却高达50%。与此相应的单亲家庭、重组家庭也多了起来。结婚的人数下降了，生育率也下降了，结婚的平均年龄增长了。不少人生了小孩以后才结婚，还有同居几十年也不结婚的。社会风气开化，人们能遵从自己内心的选择生活。所以那些走进婚姻的法国人绝大多数都抱持慎重而真诚的态度。接触过的人没听说谁包“二奶”，也没有下了班四处“应酬”不着家的。不论青春年少还是白发苍苍，夫妇二人总手牵手地一起去公园、去电影院。但一朝醒来发现彼此间爱与默契不再，人家也不会为了孩子或其他什么原因勉强维持婚姻，说离就离了。在法国还有种“同居民事协约”，是一种保护同居者权利的法律程序，不仅适用于同居的两名异性，也适用于同性。

说到同性，法国已于2013年通过了同性婚姻法案，自此同性恋者可以合法结婚并领养小孩了。前些日子我们收到了托马同父异母哥哥、独立珠宝设计师艾利的结婚请柬，他和相识多年的男朋友朱利安下个月也要举行婚礼了。房车旅行时我们曾去普罗旺斯小镇探访过艾利。那时他和朱利安已生活在同一屋檐下，互动中默契十足，显然是一对相濡以沫的伴侣。如今二人更可缔结秦晋之好，真是令人欣慰的事。说起来喜欢打听、窥探、说闲话的是非人哪都有，只是这类人在法国要少很多。同性恋者没什么社会压力，可以勇敢地做自己。如此也就不会滋生出“同妻”这一畸形产物，要知道她们是更加隐秘的弱势群体。虽然没听说过法国有“同妻”，但有些同性恋者却有前妻。某天早上醒来他们突然开了窍，原来自己是同性恋啊，怎么没早点发现呢，这孩子都上大学了。然后，老婆就变前妻了。托马他妈有个邻居就这情况。邻居名叫香塔尔，芳龄六十。退休前她是德语老师，法国著名影星玛丽昂·歌迪亚也作过她的学生。她跟老公相安无事过了半辈子后突遇情变，只不过让老公离去的不是另一个女人，而是另一个男人。从那以后香塔尔就烟不离手了。除了离婚这档子堵心事外，年近40岁的独生子连个女朋友都没有也让她操心。这位儿子也算事业有成，只是性格比较内向，眼光也高。某个周末香塔尔跟儿子一起去参观城堡，正赶上那儿举行中世纪主题的表演。当香塔尔儿子的目光落在一位盛装打扮的高挑女郎身上，立时有了种“蓦然回首，那人却在灯火阑珊处”的感觉。鼓起前所未有的勇气上前搭讪，“女郎”一开口却把他吓了一跳，原来人家是男扮女装啊。

5. 到法国人家里做客

法国最有名的漫画《高卢英雄传》中，那些高卢人经过一系列的搞笑历险后总会全村人聚在一起大吃特吃。由此可见，与朋友、邻居聚在一起边吃边聊可是法国人相当热衷的活动。被邀请去别人家做客是再寻常不过的事了，通常也没有功利性目的，纯粹是为了共度一段美好时光。而且这种做客从童年时代已经开始了，托马当年跟小伙伴们就常相互邀请去对方家玩，有时候还在对方家过夜。法国人家里都有间客房，一般附带独立的客用洗手间，是专为邀请朋友来家中过夜而安排的。

被法国人请至家中做客，应比约好的时间迟几分钟到，切忌提前。否则到场时主人还没准备好呢，就显得尴尬了。即便主人说了什么都不用带，赴宴时也得带束鲜花或带瓶红酒，最起码的礼节嘛。见面时法国人行贴面礼，一边贴面一边发出亲吻的响声。女人间一般贴两下，关系贼好的四下。男人间一般握手，关系贼好的也贴面，比如托马跟他哥哥或发小儿相见就贴面。男女之间也行贴面礼。有女士在场时一切都以女士优先为原则，入座时男士为女士拉椅子。不过上了年纪的女士可不喜欢因为年龄而被特殊照顾。这点上跟国内的小商贩学就行，甭管多大岁数统一称呼"美女"。法国人在餐桌上通常都是小饮怡情，不讲究"感情深一口闷"。主人给添饭菜时若客气推辞人家便会当作你真的不需要了，那最后吃不饱的话只能由自己负责。酒足饭饱别忘记赞美下女主人的厨艺。法国主妇普遍都能做几道拿手好菜，这里的赞美往往也不违心。从开胃小食到餐后甜点整顿饭吃下来最少也得两三个小时，都吃完

了还得再来杯咖啡。当然了，跟话痨的法国人共同进餐还得做好一通神侃的准备。从时事新闻到音乐电影再到旅途趣闻，健谈的人太受欢迎了。最后要注意一点，别忘了回请，光是一个方向的话久而久之便没人请了。

我们最近一次请朋友来家吃饭是请托马的发小儿斯特凡一家四口。14 岁托马偷开继父的摩托车飙到 200 多时斯特凡还不怕死地坐在后座上，两人是 20 多年的好哥儿们了。斯特凡太太桑德拉在邮局工作，是典型的贤妻良母。两个熊孩子路易和皮埃尔聪明又可爱。来做客时一个手里捧着盆粉红玫瑰，另一个手里拿着送艾米莉的小衣裳。小大人儿似的跟我们问好，亲吻脸颊。我在厨房准备午餐，桑德拉在一旁打下手，闲话家常。托马跟斯特凡聊天，两个小男孩稳稳当当地坐在客厅里喝饮料，艾米莉则躺在小床上睡得正香。其实这次是我们回请他们一家，元旦时我跟托马曾应邀去斯特凡家一起跨年。去之前托马就警告我说他们家有点乱，可身临其境时还是把我吓了一跳。客厅正中央是一座玩具和杂物堆成的山，浴缸里放满了待洗的衣服，车库里乱七八糟的东西太多堵得门都打不开了。要知道普通法国人家都极注重整洁，连使用多年的煤气灶具都擦拭得纤尘不染。像斯特凡一家这么剽悍的我还是头一回见。我跟托马隔着座垃圾山与他们喝花草茶聊天，正所谓“山外有人，人外有山”啊。虽然家中有座垃圾山，但桑德拉得自其母真传的厨艺可是杠杠的。我跟托马、斯特凡一家四口再加上斯特凡姐姐一家三口共享了一顿丰盛晚宴。席间大家聊起过去的一年中最开心的事——我说最开心的事是得知有人找我写书那一刻；托马说是在北极圈看到绿光时；斯特凡说与姐姐冰释前嫌最开心；姐姐、姐夫都说是儿子赢了跑步比赛；姐姐 14 岁的女儿莉亚说最开心是数学考了 15 分（满分 20）；桑德拉望着玩累了睡得像小天使的两个儿子说这就是她最开心的时刻。

前文提到过的邻居香塔尔跟托马他妈年龄相仿，俩人常互相串门儿。我跟托马去看望他妈时既遇上过香塔尔过来吃晚饭，也赶上过香塔尔请我们大家一起去她家饮茶吃点心。托盘里盛着她亲手制作的几款涂抹了鹅肝和鱼子酱的咸味小食以及现烤的迷你水果挞。大家边吃边聊之际，她的独子正好来探望她。于是我们见到了“传奇事件”主人公的真容。他对托马在中国飞行的经历颇感兴趣，问了好几个问题，还给我们讲起了他在马达加斯加工作的趣事。大家一边听他讲故事，一边不由自主地脑补他对男扮女装演员表白的画面。调侃间他露出窘迫的笑容，显然心理阴影面积仍不小。

6. 法国老人在干啥

一百年前法国人的平均寿命只有 48 岁，如今却已经上升到 80 岁了。法国也成为世界上最早进入老龄化社会的国家。该如何安排才算不辜负这短暂又漫长的人生中最后一个季节呢？通常法国老人无须照看孙辈，退休后的生活过得风生水起，相当精彩和自我。老人们有的上起了老年大学，有的积极投身公益慈善活动，还有的拾起了工作时忙得顾不上的爱好。像托马的姥姥，退休后终于重拾画笔，创作了一幅幅风格清新恬淡的油画。姥爷爱唱歌，有一副好嗓子，加入了教堂唱诗班。姥姥也是唱诗班一员，负责弹钢琴，排练演出时两位老人总手牵手地一起去。法国老人多数体格健壮，不少人八九十岁还开车、骑自行车。这不，有位 102 岁的法国老人在 78 省的一个自行车运动场上用一小时骑行了近 27 千米，打破了他自己创下的百岁级别自行车世界纪录。人家国际自行车联盟之所以设置了这么一个“百岁级别”也是因为他。赛后老人谦虚地表示，“今儿个身体欠佳，才发挥出九成水平。”目前我跟托马接触最多的老人算是房东的父亲了。老人年近九旬仍精神矍铄，一头银发，满面红光，不时还帮儿子料理下家庭宾馆事宜。每次见面他总笑容灿烂地打招呼：“先生、女士，今儿天气可真好！”老人爱聊天，话匣子一打开就关不上了。听他说话也有意思，一肚子我们村儿的历史典故。每日清晨傍晚他总坐在教堂前的木头长椅上，看远处的森林，听枝头的鸟鸣。生活那叫一个开心自在！正所谓“若得夕阳无限好，何须惆怅近黄昏”。

拿着丰厚退休金同时享受着免费医疗的法国老人普遍不差钱，他们喜欢的消遣娱乐首先还得说是旅行。不少老人加入旅行团出国游玩，比如托马他妈。有回跟团去土耳其，飞机一落地就被带去逛商店了，最后还被忽悠花 2000 欧元买下了一张地毯。看来全世界的黑导游都是一个套路啊。相比跟团游，更多的老人选择房车旅行。在法国老人才是房车旅行的主力军，连房车广告基本上都找老年模特拍，瞄准目标市场嘛。房车里客厅、厨房、洗手间、卧室一应俱全，开着它去旅行就像把家装上了轮子。不论开到森林里还是大海边，随时都可停车煎个牛扒，喝杯红酒再小憩一会儿。从开了几十年的老款房车到超豪华新款房车，丰俭由人，那份随心所欲的快乐是一样的。每逢春暖花开，路上的房车便渐次多了起来，夏季更是火爆到不行。我们村儿作为旅游景点，每天都得停个三五辆房车。我跟托马开着房车在法国转了一圈后又一路开到了欧洲的最北边挪威的北角。所到之处房车营地的设施方便齐全，可见房

车游在欧洲的确是相当成熟和普遍的旅行方式。说起来托马在小时候就常跟姥姥姥爷开着拖挂式房车去山上露营，这也成为他童年时代最美好的回忆。

法国有种滚球（pétanque）游戏，在老年人群中极为盛行，差不多每个街区花园都能看见老大爷们聚在一起扔钢球玩。19 世纪时法国就有滚球游戏了，但当时用的还是木球。今日的法式滚球在 1907 年诞生于普罗旺斯。因为规则简单，运动量低而格外受老大爷们的欢迎。投球的动作类似于保龄球，游戏规则类似于弹珠。同组队员有攻有守，谁的球离目标最近谁就得分。本来我还当滚球游戏只是老大爷们随便玩玩，后来听说居然还存在法式滚球世界锦标赛。从加拿大到突尼斯到泰国都参赛了，不过最后赢的总是法国人。如今法式滚球也被介绍到了中国，想体会下法国老大爷的休闲生活就去玩一场滚球吧。

在自家园子里种种花种种菜也是法国老人热衷的消遣。乡下地方家家都有园子，每当春意渐浓，空气里暗香浮动，家家户户均忙着打扫庭院，整饬花草。不少在城市居住的老人一旦退休便会在南法的乡村买所房子享受田园风光。我跟托马虽然还不是老人，却也隐逸在 Najac 读书、种花、饮茶。要问我们俩怎么种起花来了，这话还得打去年说起。当时春光明媚，鸟语花香，正是播种的好时节。我们俩也萌生了有个花园的念头，找到房东问村儿里有没有地可以租。房东卡斯坦尼先生大手一挥："这个园子给你们用，免费。"这么有求必应的房东真是打着灯笼也难寻啊。下回我们该问他："卡斯坦尼先生，现在我们需要一座城堡了。"花园距离我们的房子约 300 米。推开绿色小木门，沿石阶缓缓而下。右侧繁盛花树掩映下是一口幽深清凉的古井，有了它灌溉植物就方便了。园子分为上下两层，下层还有棵高大翠绿的无花果树。待到秋来采集果子可以熬成无花果酱、烤蛋糕，或者酿制带着清新果香开胃消食的无花果酒。也因为这些花花草草，我们跟旁边花园的大爷大妈都熟识起来，大家常互通有无。还没吃完左邻送的鲜嫩的豆角，又收到右舍送的甜糯的李子。都是自家园中采摘，赠予大家分享。几位老人中有的曾在生意场上叱咤风云，有的曾在伦敦知名公司做高管，如今却都过上了陶渊明"采菊东篱下，悠然见南山"的生活。

还有些法国老人退休后选择继续工作。我想到的第一个例子也是我们村儿的邻居妮蔻夫妇。说是夫妇，其实二人并没结婚，虽然已经共同生活了 30 多年，生育了两个孩子。妮蔻年过六十，身材清瘦，腰杆笔挺，干起活来是个标准的女汉子。退休后她跟老伴儿搬到 Najac 在房东卡斯坦尼先生的家庭宾馆打工，有时也接些别的杂活儿。2015 年夏天某日我跟托马开车去医院孕检时看见妮蔻和老伴儿在烈日骄阳下给别人的跑马场装木栅栏。

去程他们俩刚开始装，回程时硕大的跑马场已经装完了一圈栅栏。而且栅栏整齐均匀，手艺相当不错。我跟托马对两位老人佩服得不行，就这天气让我在太阳底下站会儿都得头晕，人家这把年纪了却还能挥汗如雨地干活儿。这二老既不旅游也不玩滚球，就知道一天到晚地工作。听说他们在北方买了大房子，儿女也都成家立业不需要操心。那如此辛苦究竟图什么呀？难道他们就是传说中的工作狂？

7. 与法国人做邻居

俗话说“远亲不如近邻”，法国人对此颇有感悟，于是便创立了个“邻居节”（la fête des voisins）。节日于每年5月的最后一个星期五或6月的第一个星期五晚上举行。当晚左邻右舍汇聚一堂，各带一道拿手好菜与大家分享。有的社区商店会提供赞助，还有的会借机组织些义卖、抽奖活动。2015年5月29日，有800万法国人共同欢庆邻居节。

城市中的邻居，虽不至于“鸡犬之声相闻，老死不相往来”，但大多是点头之交。平日里大家忙忙碌碌，碰面机会本来就少，偶尔电梯、走廊中擦肩而过也只是打个招呼。乡下人淳朴热情，邻里关系和睦融洽。拿我们村儿来说，“路不拾遗，夜不闭户”之古风犹存，真有点陶渊明笔下桃花源的感觉。每日外出散步我们从来都懒得锁门，艾米莉的小袜子掉在路上亦总有邻居捡起送还。2015 年秋天艾米莉出生时我们还收到好多邻居赠送的婴儿衣服、玩具以及一个尿不湿做的大“蛋糕”，连偶尔来村中度假的英国邻居也写了贺卡给我们。妮蔻更隔三岔五送些她亲手做的食物过来，像低温慢工烤出来的小牛肝派和刚出炉的焦糖费南雪什么的。有回她还送了一罐自制的桑子果酱给我们，但打开密封的盖子却发现果酱上已生了一层霉。丢掉虽然可惜，可我又担心会吃坏肚子，便悄悄处理了果酱，罐子洗净还给妮蔻。她问我们果酱味道如何。我有点尴尬地说：“好吃好吃！”不知情的托马说：“小鱼特喜欢，一个人都吃光了，也没给我尝尝。”

古有“孟母三迁”的故事，可见邻居的影响力有多重大。遇上个能守望相助的邻居是件特别美好的事。去远方度假时他会替你留心防盗，还能帮忙喂猫；急用哪样工具或食材可以去跟他借；有幸做了厨师的近邻还能不时地沾光解馋……托马他妈和香塔尔没事儿总一起吃饭、聊天、逛街，简直从邻居升级成了闺密。相反，要是碰上个恶邻居则可能会令人啼笑皆非、导致心理抑郁甚至惹上官事。我跟托马住在小城佩里格时就遇上过一位奇葩邻居。当时除了这位大叔外其他楼内住户都是年轻人。有人周末酒醉夜归大声说笑，他打开窗户就是一通诅咒。这天正做着晚饭忽然听见急促的敲门声，托马打开门一看正是这位大叔。他气势汹汹，一上来就抱怨：“你太太做中国菜油烟太大了，我在楼上都闻到了。”开启护妻模式的托马回答：“不是我太太在做菜，是我。而且做的是距离 50 米的肉铺买的法国香肠。”“你怎么做的香肠这么多烟？”“当然是油煎了，难道用水煮吗？”听到这他找不到话来应对，便嘟嘟囔囔地转身上楼去了。本来他若好好讲话我们就道歉了，如此地不给别人和自己留有余地，让人不禁猜测他在生活中究竟遭遇过什么。他一头花白乱发，住在市中心的步行街上却深居简出。有一次我们在暮色朦胧的深巷中偶遇他踽踽独行，背影微驼，步履缓慢。令人不由感慨，万物皆有伤心处啊。

依照惯例，打算办派对的住户得事先在大楼入口处张贴告示，礼貌地通知派对的时间并为影响大家而道歉。然后就有人看到了这样的告示——“因为没得到三个A，我们打算通过开派对来忘掉这件伤心事。我们先为可能影响您的噪声致歉。”也有人事后诸葛亮——“我对自己制造的噪声深表歉意，但这情有可原，谁让我刚刚被甩了呢。”有不幸（或有幸）与天体主义者为邻的，被逼无奈在窗户上贴了这么张纸——“亲爱的对面邻居，我看得清清楚楚您的确有个美臀，现在是时候把窗帘放下来了。”法国也有偷自行车的，被偷的车主也写了张字条：“与其一个一个零件地拆卸，您还不如把整辆车全拿走呢。”也有正能量拾金不昧的好邻居，他是这么通知大家的：“我捡到个东西，要是你认为你丢了什么，可能正是我捡的那个。”每一只随地撒尿的狗背后都有个不靠谱的主人，被激怒的邻居贴了张警告：“那位让狗对着门撒尿的主人，这间屋将配备一套复杂的电子系统。第一滴狗尿撒出之时，便是铁砧砸狗头之日。”也有这样给邻居写感谢信的：“感谢六楼那位穿高跟鞋的绿茶婊终于买了拖鞋，不会再打扰邻居们的睡眠了。”噪声问题的确是最易引发邻里纠纷的导火索，特别是在巴黎那些动不动就一两百年历史的老公寓楼。饱经沧桑的地板毫无隔音效果可言，谁要是在家打个喷嚏全楼都能听到。人家马塞尔·普鲁斯特不愧为大作家，处理起这一问题来比普通人可优雅多了。话说当年普鲁斯特正埋头创作其长篇巨著《追忆似水年华》呢，无奈楼上邻居是位开诊所的牙医，牙钻成天没完没了地响。在这种单调刺耳的噪声下怎么捕捉灵感、写出动人的文字呢？他尝试给卧室铺上软木塞以期降低噪声，可惜没什么效果。这时候大作家才拿起了他最厉害的武器——写信！一封封流淌着智慧与文采的吐槽信写下来，普鲁斯特愣是跟邻居化敌为友了。最后这 26 封信还结集出了书，名为《致邻居的信》。推荐给那些邻里关系不睦的朋友看看。

8. 法国人的金钱

法国人与金钱之间的关系有些微妙。在法国有钱算不上是件好事，特别是当其他人有钱时。虽然富人不一定为富不仁，穷人也不能说明其正直诚实。但当社会中的金钱聚集一处就仿佛人体生了肿瘤，都是不健康的。这种金钱观的形成一方面是由于历史上法国曾是虔诚的天主教国家，而宗教与金钱从来都背道而驰；另一方面则是受了马克思主义的影响。要透过现象看本质，金钱不是万能的，为了高尚的理想可以放弃物质财富。借用法国作家小仲马写在《茶花女》中的一句话："金钱是好仆人，坏主人。"据统计，70% 的法国人认为炫富是不妥当的，另有 25% 的法国人想法极端到将富豪与不诚实画了等号。

在人们固有的观念中西方人似乎都有超前消费的习惯，存钱那是咱中国人的事。事实上法国人虽然崇尚自由，但对待金钱的态度还是相当保守的。月光族只占少数，绝大多数的法国人皆有储蓄的习惯。当下法国人月均工资为 2180 欧元，统计显示其中的 15% 都用于储蓄了，法国也是世界储蓄率最高的国家之一。大部分法国人都拥有自己的房产，不过做房地产投资的却只占少数，热衷炒股的人还要更少些。法国人倾向低风险的投资方式，诸如人寿保险、基金之类的，最偏爱的理财方式则是省心的银行储蓄。老一辈的法国人经历过“二战”的洗礼，对安全感的渴求较年轻一代更强烈。像托马的姥爷，为确保退休后的生活安稳无虞而投资了多份保险，再加上丰厚的退休金以及银行储蓄，最后积累下的资产相当可观。

虽说有储蓄的习惯，但法国人却不会像守财奴那样为了多赚点钱而降低生活品质。凡是跟美食与度假沾边儿的都是法国人格外舍得花钱的地方。听过不少人说梦想在 40 岁之前拼命赚钱然后就退休享受生活。说这话的肯定不是法国人，因为及时行乐、享受当下才是他们的人生态度。席勒曾说：“时间的步伐有三种——未来姗姗来迟，现在像箭一样飞逝，过去永远静立不动。”时间无涯，宇宙浩渺，而我们拥有的只有此刻。别将期待寄托于明天，明天或许永远不会来临。想做的事现在就着手，想抵达的地方现在就启程，想爱的人现在就告诉他（她）！那普通法国人的梦想是什么呢？调查显示，想要大富大贵、出人头地的并没有几个。绝大多数人的梦想简单纯朴，不过是与家人共同居住在舒适的房子里，要是再能有个游泳池和花园就更棒了。34%的法国人还梦想邂逅一段美好的爱情，与心爱之人共度此生。“虽说我们在海外的名声不怎么好，但其实人家都是老实人呢，”法国人如是说。

关于用钱的习惯，通常法国人随身不带大额现金，只带些零钱，他们更喜欢用银行卡和支票付账。买房子或买新车一般都从银行贷款，这笔贷款是被投了保险的，而且这样做还可以减税。比方说某人从银行贷款买了辆新车，随后这辆车在车祸中被毁。那根据贷款的保险情况极有可能只需停止月供就行了。但如果是用现金一笔付清买的车，那可抱歉了，买车款就全打水漂了。

几乎地球人都知道法国的税收有多高，而且年薪越高缴纳的个人所得税税率也越高。现任法国总统奥朗德一上任便公开表示“不喜欢有钱人”，还大刀阔斧地向年收入超过 100 万欧元的超级富豪征收高达 75% 的个人所得税。新政的实施令移民海外的法国富豪人数直线上升，同时也导致法国对各跨国公司高管的吸引力明显下降。足球俱乐部罢工抗议，出演《大鼻子情圣》的著名演员杰拉尔·德帕迪约为了少交税甚至改国籍成了俄罗斯公民。其实一开始他也没想改国籍。法国有条法律说每年在国外居住时间达 6 个月以上即无须在本国交税。杰拉尔·德帕迪约为了避税就把家搬到了法国和比利时交界的边境小镇上。白天在法国工作，晚上在比利时睡觉，反正两地相距也没几千米。谁料他这种钻空子的行为受到了法国总理的点名批评。说起来如此公开地批评人家其实也有失妥当，毕竟这属于私生活范畴。可作为公众人物，一方面靠着曝光率赚钱，另一方面也难免被其所伤。不管怎么说杰拉尔·德帕迪约

跟法国总理算是结下梁子了。与此同时德帕迪约的好哥们俄罗斯总统普京在江湖上放出话来，欢迎他改作俄罗斯人。德帕迪约买了飞机票直奔莫斯科，普京亲手将俄罗斯护照颁给了他。这面子给得可够足的！其实人家普京小算盘打得多响啊，把德帕迪约这么大名气的土豪揽自己国家来那还能有亏吃？除去那些超级富豪，有些普通法国百姓也为了避税而选择去海外工作。几年前我跟托马在北京三里屯一家酒吧遇上个法国女孩，身材微胖，性情开朗，中文说得倍儿溜。在法国做了多年厨师的她来中国与朋友合作创业开了家西餐厅。聊天间她对法国的高税收微词颇多，托马还跟她就此展开了一场辩论。两人观点迥异，聊得却挺热闹尽兴，你说法国人这话痨症状有多严重吧。

9. 交谈的艺术

法国还叫高卢那会儿原本是说凯尔特语的，被罗马帝国统治后拉丁文又成了强势语言。随后讲日耳曼语的法兰克民族大迁徙到了法国，语言相互融合，法语失去了非重音音节。到了公元8世纪查理曼帝国建立，并将法语规范化。公元9世纪，拉丁语和日耳曼语终于融合成了罗曼语。从卡佩王朝开始法语成为法国唯一的官方语言。1634年法兰西文学院的精英们为法语设立了语法规则，使之纯粹、规范、不易产生歧义，法语因而成为世界上最严谨的语言。像法律条文这类要求精准的重要文件在国际上都用法语书写，法语也是联合国的第一书写语言。当今世界讲法语的国家着实不少，包括法国、比利时、瑞士、加拿大……以及诸多非洲国家。

法语属于欧洲的印欧语系罗曼语族。其语速较快，声调优美动听，马克思也评价过“法语像小河流水”。作为世界上最优雅的语言之一，法语曾在很长一段时间内成为欧洲的贵族语言。想当年雄才大略的路易十四称霸欧洲，各国贵族争相效仿法国宫廷的做派。从托尔斯泰的《战争与和平》中就能发现，当时俄罗斯的贵族们皆以会讲法语为荣。绰号“征服者威廉”的法国诺曼底公爵吉约姆二世征服了英国，当上英国国王。从此法语变成了英国上流社会的语言，这也是为什么英语词汇中有那么大一部分来源于法语。自第一个千禧年开始，在长达 300 年间英国人说的都是古法语。古法语跟现代法语相比差异极大，今天如果要学习古法语的话，英国人肯定比法国人更容易。18 世纪法语正式成为欧洲的通用语言，从葡萄牙到俄罗斯各国精英界均讲法语。法语算是一门比较复杂难学的语言了，搁在从前会说法语可是特权阶层受过良好教育的体现。今时今日会说法语则成了时髦、有品位的象征。拿英国王室来说，跟法语的联系可谓千丝万缕。首先，英国的伊丽莎白女王法语说得就倍儿溜，此乃因循已久的王室传统嘛。其次，不少英国王室成员的名字也源于法语。比方说威廉王子和凯特王妃的小公主夏洛特（Charlotte）名字即源于法语。甚至威廉王子本人的名字也跟法语密不可分，英语中的威廉（William）即是法语中的吉约姆（Guillaume）——那位当上了英国国王的诺曼底公爵吉约姆。再次，英国国徽上写的也是法语“Honi soit qui mal y pense”（心怀邪念者可耻）及“Dieu et mon droit”（天有上帝，我有权利）。最后，直至今日英国王室使用的菜单都是法语的。女王伊丽莎白二世年轻时白金汉宫的御厨基本上都是法国人，现今的总厨依然是法国人，还得说人家王室懂得享受啊。除了英国王室，会讲法语的大明星也不少。比如张曼玉，法语说得就相当纯正；娜塔莉 · 波特曼也说一口流利的法语，人家是法国媳妇呀；约翰尼 · 德普也说法语，前法国女婿嘛；英籍黎巴嫩歌星米卡是法国版“好声音”的导师之一，

他的法语一丁点儿口音都没有；J.K. 罗琳在大学主修法语和古典文学，《哈利 · 波特》系列中不少人物都取了法语名，比如大反派“伏地魔”；奥黛丽 · 赫本说法语，麦当娜说法语，爱马仕铂金包的设计灵感来源英国歌手简 · 柏金也说法语……

要说法国交谈的艺术还得从路易十三的首相黎塞留说起，他也是波旁王朝的第一任黎塞留公爵。这位了不起的政治家与德国的铁血首相俾斯麦齐名，并被西方世界誉为现代外交学之父。黎塞留执政期间致力于巩固中央集权制度，削弱贵族手中的特权并处死和流放了大批反叛贵族。黎塞留去世后，法国贵族们吃饺子、放鞭炮，总算迎来了出头之日。自此首相之下，贵族地位日益重要。他们享受着自由的空气，接受过良好的教育，手中有大把百姓上缴的税也用不着工作，一天到晚就聚在凡尔赛宫跟国王娱乐飨宴、谈天说地。这种自由的空气传播到民间，一大波启蒙思想家应运而生。交谈的艺术便是在这种环境中诞生的。法国人话痨的根源也在这儿找到了正解。所谓交谈的艺术，是一种优雅愉悦的沟通形式，无论谈话的对象是家人、朋友还是同僚。以美的思想和美的语言，自娱，娱人。与此同时沙龙文化开始盛行，文化精英们常聚在某位贵族女士的会客厅中探讨文学与艺术。从形式到内容来说，这些法国沙龙都与林徽因“太太的客厅”颇为类似。这一风潮甚至影响到了法国 17 世纪的古典主义文学以及 18 世纪的启蒙主义文学。高贵典雅富有节奏感的法式园林亦借此机缘大为流行，人们一边徜徉园中，一边进行愉快友好的辩论。法国大革命后交谈的艺术开始衰落，那时人们辩论的内容不再是风花雪月，形式也转为激进。

当下法国人之间的寒暄三句话不离天气和大自然。不论交谈双方关系的远近，聊聊阳光多好、花开得多艳总错不了。问女士年龄这么二的事相信谁都不会做了，此外别人的工资也是个禁忌话题。总而言之与个人隐私相关的事一概别涉及就行了。政治话题也是能避免则避免，避不开时说话悠着点，尽量别猛烈抨击。法国主要的党派有三四个，邻居、同事间支持不同党派的概率还是挺大的。现如今又不是沙龙时代了，没事儿总想拉个人辩论一场。还是投自己的票，让别人猜去吧。

FRANCE
NON-PRETENTIOUS
GUIDE
第五章

不可不知的法国文化

1. 法国人也追星

法国人追起星来有多任性呢？先来看看这位年过半百的大叔的剽悍追星路。从 1987 年开始他就假冒法国文化广播电台的记者去各大音乐节采访明星了。受邀采访的食宿交通都是由主办方支付的，这位大叔还算厚道，也没要求头等舱和五星级酒店，接受的都是最普通的招待。到了正式的采访场合他装得还挺像那么回事，有时甚至用英语访问。事后他会将采访录音进行整理以供不时回味，据说他的房间里堆满了明星们的照片和海报。其实大叔有语言及资讯专业硕士学历，本来想当真记者的，尝试一两年没成功，只能出此下策当假记者过把瘾。他也有工作，是巴黎市政府的道路养护工。张楚唱过，“孤独的人是可耻的。”生活中这位大叔基本没朋友，与明星近距离接触成为他对抗孤独的方式。他坦言：“遇到明星让我有种解放的感觉，心理上好处大大的！”在长达 23 年的假冒记者生涯中大叔从没翻过船，谁料最后却在洛里昂的国际凯尔特人音乐节上被抓了包。过往每次被主办单位要求出示记者证时他总是“挥一挥衣袖，不带走一片云彩”地溜掉。这回却被一名真记者给揭穿了身份，没逃成。上了法庭虽然盗用头衔和欺诈罪名成立，但只被判处了 3 个月缓刑及罚款。说实在话大叔追星追得这么执着和富有想象力，当年坚持尝试的话早当上真记者了。

法国人都追什么星啊？俗话说，上帝创造女人，法国创造女神。纵使演艺圈百媚千红，能被尊为“欧洲影坛第一夫人”的也只有凯瑟琳·德纳芙（Catherine Deneuve）。她出生于演艺世家，13岁即入行，几十年来从少女角色演到了奶奶角色，是名副其实的影坛常青树。电影《白昼美人》中，德纳芙身着圣罗兰露背长礼服的形象征服了设计师，被其称作“心目中最完美的女人”，自此德纳芙成为圣罗兰的缪斯。法国人还曾将德纳芙选为法兰西的国家象征玛丽亚娜，依照她的模样修建纪念法国大革命的雕像。此外她的魅影还附身玛丽亚娜出现在法国普通邮票和欧元硬币上。现在的德纳芙虽已迈入古稀之年，身材也略微发福，但“冰美人”的风韵依然。2016年的戛纳电影节德纳芙上了舞台，矜持片刻后抱着男主持人上演了一场几十秒之久的法式香吻。吻后翩然离去，只留主持人在台上若有所思。

90后辣妹娜比拉（Nabilla Benattia）2013年在电视真人秀中说了这么句俏皮话，“你是个女孩却没有洗发水？这就好比一个女孩没有头发。”同时还配合模仿打电话的手势。这段视频当即便在网上疯传起来，并遭到无数恶搞。不顾一切要出名的娜比拉终于一朝爆红，不过同年她还荣登法国“年度最招人讨厌的人物”排行榜首位。娜比拉打小就混帮派，有前科，没上过什么学，法语也说得乱七八糟。她带着股无知无畏浑不懔的劲儿，屡屡在电视节目中与人冲突。甭管是好名还是骂名，终归她梦想成真了。人们常将她和美国的金·卡戴珊相提并论，这二位任何实质工作都没有，可比谁都红，据说她们俩还真会过面呢。娜比拉跟老牌女星凯瑟琳·德纳芙也见过面，还两次。第一次是在2014年Jean Paul Gaultier的时装秀场，两位年龄相差近半个世纪的女星历史性地擦肩而过。娜比拉当然不认识德纳芙了，因为她是娜比拉；德纳芙也不认识娜比拉，估计她不看电视真人秀吧。转年二人又在Jean Paul Gaultier的时装秀场狭路相逢，这次娜比拉居然有份走秀。谁料刚看完了秀德纳芙就对媒体说自己实在无法理解网络时代这些莫名其妙就爆红的人。娜比拉立马还击，说德纳芙就是个心怀嫉妒的老女人。估计这俩人现在肯定认识了。虽然招人讨厌，可娜比拉如今更红了。原因是她用刀捅了男朋友的后背并坐了6个月的牢。在此之前她男朋友就被刀伤过，但他说是自己不小心摔在刀上了。瞧人家这摔得还挺有技术含量！刚一出狱娜比拉就回归了电视台，这年头就怕没话题，甭管是好的还是坏的。另外娜比拉男朋友也出院了，两人还在一起。连刀伤都分不开他们俩，若不是真爱，就是那男朋友患上了斯德哥尔摩综合征。

苏菲·玛索（Sophie Marceau）肯定是中国观众最熟知和喜欢的法国影星之一。从 14 岁主演电影《初吻》一举成名到如今她不仅塑造了诸多经典银幕形象，获奖无数。还做起了编剧和导演，并出了本半自传体小说《说谎的女人》。书写得颇有后现代意味，文笔清新灵动，带着苏菲·玛索式的自由不羁。她本人评价这本书时说："这不是一本关于我自己的书。"同时又坦承，"这本书是迄今为止最个人化的东西。"这几年苏菲·玛索常来中国串门儿，比如 2014 年登上央视春晚的舞台跟刘欢合唱法国民谣《玫瑰人生》，前些日子还到广州跳起了广场舞。虽然已到知天命的年纪且跻身于一众大妈间，可人家苏菲·玛索愣是把广场舞跳出了芭蕾舞的味道。难怪法国男人将她誉为"永远的挚爱"。每逢戛纳电影节，各路女星绞尽脑汁地要在红毯上吸人眼球。有些穿着龙袍、裹着被面儿就出来了，隔着一公里都能听见那些衣服在尖叫"看我看我"！反观苏菲·玛索，全身上下就只有经典的黑白两色。一袭简约而有设计感的白色衬衫长裙配造型夸张的蛇形项链，头发也不过随意挽起。这叫一个举重若轻，看着却比谁都时髦优雅。什么叫气质，什么叫品位，看苏菲·玛索就行了。

记得我小时候那会儿，央视电影频道就总播路易·德·菲奈斯（Louis De Funès）的电影，比如《虎口脱险》以及“警察”系列等。这位身材矮小、长相滑稽的喜剧演员以其夸张的表情、纯熟的演技为中国观众带来了不少欢笑，他也成为最早一批我们认识的法国演员。路易·德·菲奈斯出生时正赶上“一战”爆发，成年后又遭遇了“二战”。动荡的岁月中为了生计他曾打过各种杂工，像在皮货店里捡别针、照相馆里当小工之类的，后来他还做起了爵士乐钢琴师在酒吧间赶场。因为琴技高超他与作家莫泊桑的侄女珍妮坠入爱河并结婚，这是他的第二次婚姻，两人相守四十年直至他的生命走到尽头。路易·德·菲奈斯考入表演学校时连学费都没钱交，成名前还跑过十来年的龙套。直到《雅各布教士历险记》将他的演艺生涯推上高峰，而享誉国际的《虎口脱险》不仅当年在法国创下票房纪录，更将此纪录保持了 40 年之久。路易·德·菲奈斯，他是法国的喜剧之王。

14 岁时，凡妮莎·帕拉迪丝（Vanessa Paradis）就凭借一首甜美可爱的《Joe le taxi》红遍欧美。16 岁初涉影坛拿到法国电影恺撒奖最具潜力演员奖。17 岁又获得法国音乐大奖年度女歌手奖。此外她从 21 岁起便成了“香奈儿”品牌的形象大使之一。就在 2015 年，42 岁的凡妮莎·帕拉迪丝还裸背上阵，仅戴着一条珍珠长项链并以包包轻遮臀部为香奈儿拍了一组黑白广告大片。作为比约翰尼·德普前女友凯特·摩丝更早打入时尚圈的牙缝女郎，香奈儿公司评价她“天生丽质，出尘脱俗，这就是美丽的真谛所在。”当然了近年来她最出名的还得说是与约翰尼·德普那段长达 14 年的恋情。前些日子就在约翰尼·德普闪婚闪离并传出家暴新闻之际，凡妮莎·帕拉迪丝发声力挺前男友。看来二人做到了分手亦是朋友。

说到法国明星哪能不提让·雷诺（Jean Reno）。他主演的电影《这个杀手不太冷》成了多少人心目中的经典！多年后在中国接受采访被问到这部电影时他竟然回答自己早就忘光了。这也太不自恋了吧！就跟梁朝伟是王家卫的御用演员一样，让·雷诺跟吕克·贝松（Luc Besson）也是千里马和伯乐的关系，但凡两人合作的影片总是叫好又卖座。比如《碧海蓝天》，水准不在《这个杀手不太冷》之下，当然了后者同样也是两人合作的。让·雷诺的演技有多高，戏路有多广？他可商业，可艺术；既演得了硬汉，又当得了谐星；混得了帮派，也驾驭得了警察；能在银幕上谈情说爱，还能跑到日本演真人版的《哆啦 A 梦》。嘿，还真对得起他这张脸。

咪咪·玛蒂(Mimie Mathy)是法国家喻户晓的喜剧演员、歌手及电视节目主持人，她的与众不同之处在于她是侏儒症患者，身高只有1.32米。从小咪咪·玛蒂就对演艺事业感兴趣，22岁还去尼斯学了两年戏剧表演。随后她开始出演电视剧并随剧团进行巡回喜剧演出，演艺事业一路坦途。1999年弗朗索瓦·多希勒(François Dorieux)用“咪咪·玛蒂”命名了一种玫瑰，2007年她还在最受欢迎的名人评选中位居女星榜首。事业方面咪咪·玛蒂梦想成真了，可她还有另一个梦想，就是一定得找个正常人结婚。关于这件事她毫不遮掩，一早就放出话来了。终于在48岁时她跟一位身高1.88米的厨师结了婚，咪咪·玛蒂的婚姻梦想也成真了。只是如果她老公跟她一样有个只跟正常人结婚的梦想，那她嫁给谁呢?

当人生中发生里程碑式的大事件，时间会断开为“以前”和“以后”两部分。对奥马·希（Omar Sy）来说，2011年以前他不过是个在Canal+电视台跑龙套的喜剧演员，2011年以后他却成了东京国际电影节影帝以及欧洲电影奖、法国电影恺撒奖的最佳男演员。在恺撒奖的历史上奥马·希也成为首位获此殊荣的非裔演员。这一切的发生都是缘于电影《无法触碰》。片中他出演男护工一角，表演风格活泼生动，极富幽默感，可以说是厚积薄发。从此他的演艺事业平步青云，还成功打入了好莱坞。奥马·希的父亲来自塞内加尔，是一名工人；母亲来自毛里塔尼亚，是一名清洁工。来自移民家庭的他从小便生活在社会底层，他的成功简直就是部励志剧啊！

想当年，北有乔峰、南有慕容，美国有玛丽莲·梦露、法国有碧姬·芭铎。她永远金发蓬松，朱唇轻启，眼神天真又野性难驯。她是法国的性感小猫，绰号B.B的碧姬·芭铎。有人说她是金发尤物、胸大无脑的花瓶，也有人说她是女权主义和性解放的先锋。她或许都是，又或许都不是。人性复杂，岂是几个标签便能概括的？关于碧姬·芭铎的一些鲜为人知的过往有：她出生时一只眼睛失明；16岁她曾将头放在开着的烤箱里企图自杀，也是她命不该绝，原本外出去看戏的父母得知剧目被取消提前返家救了她。1956年拍摄电影《上帝创造女人》令碧姬·芭铎成为一代性感女神，成名后她却越来越难以驾驭。在意大利拍片时她要在浴缸中倒满牛奶洗浴，谁料由于灯光照射的热度牛奶变成了酸奶。童年时她没得到母亲的关爱，因此她想要从男人身上得到爱，交了数不清的男朋友，有过数段婚姻。生下儿子后她竟然说他像病毒一样吸干了她的身体，还不如生条狗呢。随后剧情突转，碧姬·芭铎在事业巅峰期隐退，成了素食主义者，全身心投入到动物保护事业中，还通过拍卖自己的珠宝首饰筹集了三百万法郎成立动物保育和救助基金会。她与儿子也恢复了关系，据说目前母子相处还挺融洽。这些年来她不是反对韩国吃狗肉就是抗议加拿大捕猎海豹幼崽，这位已至暮年的传奇女星可没少给法国外交部部长找麻烦。

39 岁的法国经济部部长伊曼纽尔·马克隆（Emmanuel Macron）自上任后就成为媒体追逐的焦点。这也难怪，他不仅是个高富帅，还有段动人的爱情传奇。事情是这样的，17 岁时马克隆爱上了比自己大 20 岁的法语老师，当时对方不但离异，还是 3 个孩子的妈妈。而翩翩少年如他，不但会弹钢琴、跳探戈，还热爱哲学与诗。二人跨越年龄的障碍于 2007 年结婚，当时他风华正茂，她已是半百之年。人们都爱说“年龄不是问题，身高不是距离，体重不是压力，性别没有关系”，可真正能做到不在乎的又有几个？得给马克隆这份追求真爱的勇气点赞。前些日子有个 29 岁的大学法律系女生追马克隆追得很苦，给他私人邮箱发了大量情书和色情图片，结果就被帅哥经济部部长告上了法庭。女生被抓，住所以及电脑都遭到搜查。目前马克隆成功晋升为法国最受欢迎的政客。看来我们已经进入政客也要靠颜值的年代了。

前文提到，杰拉尔·德帕迪约（Gérard Depardieu）已经更换国籍成了俄罗斯人，不过怎么说人家也是个前法国国宝级演员。拍过的电影近两百部，在国际上获奖无数，1996 年还被授予法国最高荣誉“骑士勋位勋章”。德帕迪约出了名的能喝，自曝平均每天喝 14 瓶。通常早餐以红酒或香槟开始，午餐再喝两瓶，下午则是各种葡萄酒、香槟、啤酒轮番上阵，到了晚上还得畅饮威士忌或伏特加。据目测其硕大的啤酒肚已完胜二师兄。虽然酒量惊人且接受过五次心脏手术，但他仍身手矫捷。2014 年去非洲旅游时德帕迪约还顺便射杀了两头狮子，不过他自称是出于正当防卫才开的枪。

德帕迪约出身贫寒，早早便退学并开始了偷窃生涯。少年时代他决定去镇上的拳击俱乐部练拳击，经过严格的训练后成了出色的拳击手，还得了“夏托努小霸王”的绰号。当所有人都预计他会用一双铁拳去作强盗时，他却结识了一位家庭背景迥异、受过良好教育的朋友米歇尔，并在其影响下接触了戏剧，从而走上影坛。观看德帕迪约的人生轨迹，很容易猜到他有个缺爱的童年。他在自传中提到，“我还在妈妈子宫里，妈妈已不想要我了，她用缝衣针试图杀死仍是胚胎的我。我就是她不想要的第三个小孩。”此外他还在书中透露了自己罕为人知的过往——受生活所迫他 10 岁已开始作男妓，还盗墓偷珠宝变卖等。要是他愿意，完全可以写本自传体的《盗墓笔记》啊。作为一名资深吃货德帕迪约倒是出版过几部美食书。童年时吃不上肉馋得要命，当时他最大的理想就是作屠夫。如今拥有自己的酒庄、餐馆、鱼铺、摩托车行以及大量房产的德帕迪约早已不差钱。他在书中坦承，“如果我还有个自己尚未意识到的理想，那就是像个真正的艺术家般照管葡萄园和酿酒。”

2. 总统的尴尬私生活

夏尔・戴高乐做总统时，他的夫人伊冯娜・戴高乐不希望在总统府爱丽舍宫接待离婚人士。也正因此他们差点拒绝了碧姬・芭铎的来访。同时自幼家教严格的戴高乐夫人也不希望政府班底中有任何的离婚人士。时间的车轮转到 2007 年，当尼古拉・萨科齐入驻爱丽舍宫时，第一夫人的名字叫塞西莉亚，而到了 2008 年第一夫人的名字却变成了卡拉。两任萨科齐夫人都是前超模，塞西莉亚离过好几次婚，卡拉就更不得了了。这位同时还是歌手及演员的前超模不仅是“一夫多妻与一妻多夫”的标榜者，其豪华的前男友团更令人惊掉下巴。其前男友的不完整名单包括：“滚石”乐队主唱米克・贾格尔、“布鲁斯之王”埃里克・克莱普顿、好莱坞影星凯文・科斯特纳、法国影星梵尚・佩雷、法国前副总理洛朗・法比尤斯以及新当选的美国总统唐纳德・特朗普……最为离谱的是她在与法国出版商让・保罗・昂托旺同居期间竟然爱上了对方已婚的儿子拉斐尔・昂托旺。这位说出“我用法语写作，用意大利语做梦”的卡拉・布吕尼果然魅力无法阻挡。拉斐尔・昂托旺迅速跟原配办妥了离婚手续并娶了父亲的女朋友，二人生下一子，这段婚姻维持了 6 年。相比如此剽悍的情史，卡拉・布吕尼后来传出的几次裸照事件简直就不值一提了。感谢上帝，没让戴高乐夫人看见这些事。

为了打入法国市场，有一家专门提供外遇机会的婚外情网站把密特朗、希拉克、萨科齐及奥朗德四位前任和现任法国总统带着鲜红唇印的头像做成了巨型广告牌子，牌子上还写着“猜猜他们有何共同之处？”正确答案是，这四位都搞过外遇。当年密特朗筹备第一次总统竞选时跟竞选志愿者、小他20岁的安娜·潘若发生婚外情，还生了个私生女，这在法国就是个公开的秘密。希拉克和夫人伯纳黛特都承认他有过外遇，情人名单中还包括绰号CC被誉为意大利版碧姬·芭铎的影星克劳迪娅·卡汀娜。

希拉克曾说：“我爱过一些女人，尽量小心翼翼。”等轮到萨科齐，法国总统私生活的狗血剧情都能直接拍成电影了。作为一国总统，萨科齐居然被自己的顾问给秘密录音了，不但录音还把录音给曝光了，这简直是场倒置的“水门事件”啊。在被曝光的录音中可以听到萨科齐决心要发大财的宣言，以及他毒舌点评多位政府高官。卡拉·布吕尼则抱怨第一夫人的身份令她失去了不少合约，同时她还期待着靠卖抗皱霜来赚钱。最近这位前第一夫人又自曝不会数学乘除法，但愿她加减法算得还行，要不怎么卖抗皱霜呢？

任期内通过同性婚姻法案、主张人人均有权利结婚的现任总统弗朗索瓦·奥朗德却是唯一一位从来没结过婚的法国总统。他跟同为政治家并在其之前竞选过总统的前女友赛格林·罗雅尔同居30年、孩子都生了四个也没结婚。两人交往期间奥朗德劈腿《巴黎竞赛画报》政治记者瓦莱丽·特里耶韦莱。随后奥朗德跟罗雅尔分手，瓦莱丽晋升为第一女友。当上第一女友后瓦莱丽努力经营自己的知性形象，以区别于此前的爱丽舍宫花瓶布吕尼。同时她还与奥朗德前女友、现任内阁部长罗雅尔争风吃醋，钩心斗角。这边厢后宫大乱，那边厢奥朗德却被曝戴着头盔、骑着小摩托车密会法国女演员朱莉·葛耶。虽然奥朗德和萨科齐二人党派、政见不同，但在一上任就泡女明星这点上却惊人的一致。瓦莱丽闻知此事气得住进了医院，可她又放不下这第一女友的头衔，便让身边亲信对外放话说准备原谅男友的不忠。不过就算她放低姿态准备原谅，事态貌似也无法挽回了，她住院期间奥朗德连去都没去。瓦莱丽还没琢磨过味来呢，就从第一女友变成前第一女友了。可她也不是吃素的，对着爱丽舍宫的方向冷笑一声，看我整不死你！不久，一本震惊全法的前第一女友回忆录《感谢这一刻》上市了。书中瓦莱丽大曝两人交往细节，并将奥朗德描绘成一枚背信弃义的渣男。对瓦莱丽的曝料行为，

奥朗德相当沮丧。而在这个节骨眼上，曾被奥朗德背叛的罗雅尔却站了出来，力挺总统前男友。把奥朗德给感动的，还得说是共同生活了 30 年的孩儿他妈疼我呀！当初要不是孩儿他妈牵线搭桥，也不会认识漂亮迷人的女明星朱莉 · 葛耶啦。这一刻除了奥朗德所有人都恍然大悟了，原来罗雅尔在下一盘很大的棋。瓦莱丽也不吃亏，靠着写回忆录赚得盆满钵满。朱莉 · 葛耶借总统桃色新闻的东风知名度大增，还跟萨科齐的丈母娘打擂台竞争恺撒电影奖的最佳女配角。对此，萨科齐的丈母娘表示：“奥朗德就是个荒唐的土包子！”

3. 法式幽默

关于幽默，林语堂的见解是“幽默本是人生之一部分，所以一国的文化，到了相当程度，必有幽默的文学出现。人之智慧已启，对付各种问题之外，尚有余力，从容出之，遂有幽默——或者一旦聪明起来，对人之智慧本身发生疑惑，处处发见人类的愚笨、矛盾、偏执、自大，幽默也就跟着出现。”法国人挺有幽默感，就连愚人节都是他们发明的。听法国人调侃、吐槽相当逗趣，如果他们调侃的对象不是你的话。

法国作家弗朗索瓦・拉伯雷说：“嘲笑是人类的本性。”这一点在法国人身上体现得淋漓尽致。法国人喜欢嘲笑别人，不管是田间地头的农民还是爱丽舍宫的总统谁都逃不掉被幽上一默的下场。不过他们更喜欢嘲笑自己，这源于对生活那份难得的自知与自省。从酒过三巡知己好友间的肆意玩笑到政客文人间的精致讽刺，笑过之后还令人久久回味。法国的喜剧电影颇有其独树一帜的风格。他们不仅靠演员夸张的动作和表情来搞笑，更为注重的是机智幽默且富有内涵的台词。特别是对黑色幽默的纯熟运用，常常让观众笑着流泪，痛并快乐。法国媒体则有讽刺时政的传统，不少报纸、杂志和电视将恶搞进行到底。譬如说 2015 年的反恐游行吧，前总统萨科齐费了半天劲终于从后排挤到了前排与奥朗德、默克尔等国家元首齐头并进。未承想游行刚一结束他煞费苦心的“露脸”行为就被修图恶搞了个外焦里嫩。至于常常躺枪的奥朗德，有漫画家为他量身定制了一幅漫画。画中总统拿着颠倒了的统计图表沾沾自喜地说：“失业率终于下降啦！”当初奥朗德戴着头盔、骑着小摩托车幽会女演员的新闻一经曝光，不但杂志大卖，有些嗅觉灵敏的商人也跟着起哄。一家租车公司打出广告，推荐总统租他们的汽车，车窗用的可是染色玻璃哦。幽会时奥朗德头上戴的摩托车头盔即刻被商家命名为“总统头盔”，还不到24小时就卖断了货。形式上媒体是在调侃讽刺政治人物，其实他们肩负的是舆论监督的重要使命，况且他们也不会侵犯人权或进行人身攻击。政治人物亦心知肚明，能被媒体挑中说明自己够分量，要是个居委会主任人家媒体才没空讽刺呢。从遭遇恐怖袭击的《查理周刊》到法国最著名的政治讽刺刊物、多次被告上法庭的《鸭鸣报》，都为了保持观点的客观而从不接受任何广告。“二战”时期纳粹德国占领法国，《鸭鸣报》更不惜关闭报馆以拒绝与纳粹合作。这要不是业界良心，还有谁是？电视方面讽刺起明星、政客来可一点儿不比报纸、杂志含蓄。收

费电视台 Canal+ 有一档《木偶新闻》的时政讽刺节目，自 1988 年开播以来便广受欢迎。奥朗德刚一上任《木偶新闻》就把第一女友瓦莱丽的木偶给赶制出来了。奥朗德的木偶形象被设定为没主见的“妻管严”，什么事都得由悍妇瓦莱丽说了算。节目中，美国总统奥巴马的木偶发来贺电，祝贺法国选出了“共和国历史上第一位女总统”。主持人的木偶询问总统和第一女友出访美国是否顺利时，奥朗德刚说了个“是”就被瓦莱丽抢过了话头，“这次访问进行得非常顺利。经过这次双边会晤，法国的地位得到了巩固……”这时瓦莱丽接到个电话，奥朗德在一旁解释：“是奥巴马打来的，是巴拉克·奥巴马，不是米歇尔·奥巴马。待会儿瓦莱丽会告诉我他们在电话里讲了什么的。”为了纪念奥朗德和瓦莱丽决裂一周年，《木偶新闻》又做了期节目。节目调侃了美国监听法国近来三位总统的事，主持人的木偶问奥巴马：“为什么你们从 2012 年停止监听奥朗德了？”奥巴马的木偶回答：“因为现在我们每周三都买《近距离》杂志（曝光奥朗德劈腿女演员的杂志），这比监听可便宜多了。”2015 年因为电视台人事变动，新的带头大哥认为《木偶新闻》三观不正，节目面临停播。结果这一决定遭到了大量法国民众抗议，纷纷在社交网站上签名请愿，跟贴都说“不要碰木偶！”连法国前总理阿兰·朱佩都发网文称：“我就喜欢在节目里看到我自己，我们需要他们！”在大波舆论攻势下，《木偶新闻》最终得以保留。

除了本国人之外，法国人最喜欢的调侃对象前三名是：第三名，魁北克人，因为他们乡下人般的口音；第二名，席琳·迪翁，因为她身为摇滚巨星却一口魁北克大茬子味儿；第一名，法国人呆萌的邻居比利时人，原因呢？就因为他们是呆萌的比利时人啊。有关比利时人的笑话数都数不清，例如：

打仗时有三个士兵被敌人抓走了，一个英国人，一个法国人，还有一个比利时人。英国人有个越狱计划，“这地方只有一个看守，只要爬上墙就能逃走。万一我们发出声音惊动了看守，就假装是猫。”英国人先上墙。看守听到声音便问：“谁呀？”英国人回答：“喵！”“原来是只猫。”看守回到岗位。随后法国人也上了墙。看守听到声音又问：“谁呀？”法国人回答：“喵！”看守再次回到岗位。轮到比利时人上墙了，看守听到声音还问：“谁呀？”比利时人回答：“是我，那只猫。”

一位法国女士嫁给了一位比利时男士。婚后老婆发现老公每晚临睡前都在床头柜上放两个杯子，一个空杯，另一个装满水。法国老婆问她的比利时老公这是为什么。老公回答：“因为我夜里醒来有时候觉得渴，有时候不觉得渴呀。”

三个比利时人走在路上看到一堆狗屎。第一个用手碰了下说，“应该是狗屎。”第二个闻了闻说：“嗯，是狗屎的气味。”第三个尝了一口说：“的确是狗屎的味道。”然后三个比利时人异口同声地说：“好幸运没踩上去！”

一个美国人、一个法国人和一个比利时人聊着各自的太空计划。美国人说：“我们很快要登上月球了。”法国人说：“那有什么，我们这就要登上火星了。”比利时人说：“你们都不值一提，我们要去登太阳了。”美国人和法国人问：“怎么去？太阳早把飞船融化了。”比利时人说：“我们又不是笨蛋，我们晚上去。”

有位比利时人捡到只猴子，问警察该怎么办。警察告诉他应该带猴子去动物园。转天警察遇见比利时人，发现猴子还跟他在一起。警察问：“昨天不是让你带猴子去动物园了吗？”比利时人回答：“昨天去过动物园了，今天带它去电影院。”

两个比利时人租了条小船去钓鱼。正钓着鱼呢，其中一人说：“这可是个钓鱼的好地方，我们得在船底画个叉记住这个地方。”另一人说：“你傻呀！你怎么知道我们下回租的是同一条船？”

有个比利时人去见他的未婚妻，并沮丧地告诉她：“你知道，我不能娶你，因为我们家都是近亲结婚。我爸爸娶了我妈妈，我爷爷娶了我奶奶。”

经过一个比利时人的农场时，法国人不小心开车碾死了一只鸡。法国人拎着这只鸡去跟比利时人道歉。比利时人看了鸡后回答：“这不是我的鸡，我们农场没有扁片儿形的鸡。”

房间衣橱里发现了一具骷髅，经调查原来是比利时人玩捉迷藏，他成功了！

请问换一个灯泡需要几个比利时人？答案是三个，一个拿着灯泡，另外两个转梯子。

比利时人有一艘潜艇，有次航行时他们觉得太热，就把舱门打开了。

如何击沉比利时潜艇？敲门就行了。

被法国人调侃得多了，比利时人也编了则笑话回敬：“上帝创造法国后，发现这是世界上最美的国家。其他国家纷纷表示嫉妒。为了平衡一下，上帝便创造了法国人。”法国人听后自我安慰，至少他们承认我们的国家美了。

4. 法国人的各种“癖”

对事物的偏爱成为习惯即为“癖”。在法国人的各种“癖”中占头一位的就是采蘑菇。法国生长着 15000 种以上的蘑菇，法国人还成立了专门的菌类学协会。但凡他们有点儿闲工夫，就会变身“采蘑菇的小姑娘”，跟大自然来个亲密接触。在法国人家里的书架上通常都能

找到厚厚一本带着彩色插图描述各种蘑菇特点、哪种危险、哪种能吃以及哪里能找到它们的《蘑菇大全》。法国每年总有那么一两位富于“神农尝百草”精神的蘑菇冒险家以身试毒而壮烈牺牲。大部分危险的蘑菇从外表上极易分辨，但也有些卧底的毒蘑菇长得跟食用蘑菇差不多，特别容易让人上当受骗。采蘑菇时有必要带本《蘑菇大全》防身。假日里法国人往往会揣上本《蘑菇大全》，全家老少一起去森林中采蘑菇，满载而归后再将战利品洗净、切碎，煎个大大的蘑菇鸡蛋饼吃。法国烹饪书中有不少关于蘑菇的菜式，像蘑菇挞、奶油蘑菇汤等。说起来蘑菇实在是种暧昧有趣的存在，它既不属于肉类，也不属于蔬菜，大小悬殊，颜色各异。或许法国人对蘑菇的热情正源于此吧。在我们村儿的森林里、道路边常见人们挎着小竹篮采蘑菇。法国人特喜欢吃自己采到、捡到的东西，待秋季来临又全民去捡栗子了。有时我跟托马也去采蘑菇。细雨后氤氲着湿气的森林冒出五彩缤纷形形色色的蘑菇，一如童话世界。徜徉其中，遇见小鹿斑比或柴郡猫我也不会惊讶。有次我们采到了红底白点的毒蝇伞蘑菇。吃了它首先会出现醉酒感，紧接着来袭的是压抑感，然后幻觉出现，会失控大笑，最后则会陷入深深的睡眠。《蘑菇大全》里没说长眠，所以我猜应该是没有生命危险的。还有次我们采到了橙色伞状大蘑菇，结果吃完了撒尿都是橙色的。跟我小时候一样，托马也是看着动画片《蓝精灵》长大的。在法国从孩童到成人都对那些住在蘑菇房子里可爱的蓝精灵有一份温馨美好的回忆，顺带着对蘑菇的喜欢也这么培养起来了。

关于法国人的收藏癖大概是受了他们自婴儿期便开始的教育方式的影响。因为母亲休完产假得回归工作岗位，所以很多婴儿从几个星期大就与母亲分离了。听上去这似乎有点儿残酷，在托儿所里看见只有三四个月大的婴儿可不是什么稀奇事。法国的婴儿亦很早便开始独自睡觉，这时候他（她）会得到一个安抚玩偶（doudou）以及安抚奶嘴（tutute）。这个安抚玩偶是婴儿生命中接触到的第一件心爱之物，对其的珍爱与仰慕之情与收藏家淘到藏品的感觉一模一样。法国小孩喜欢收藏邮票、钱币以及昆虫特别是蝴蝶标本。托马童年时也是个小集邮迷，收藏了满满几大本集邮册的动物、人物、历史、运动等题材邮票，后来姥姥还将自己的收藏传给了他。邻居妮蔻也是个邮票、钱币收藏者，我们曾送过她中国的邮票和钱币，令她开心得不行。法国邮票种类格外繁多，身处电子时代的人们仍习惯将邮票作为传情达意的工具。元旦时用“新年邮票”；表示感谢用“道谢邮票”；祝贺升职或通过考试用“贺喜邮票”；刚生了小孩用“喜添宝宝邮票”；外出度假则用“正在度假邮票”……每年情人节邮局还推出一款心形邮票，也大受集邮者的欢迎。大部分邮票题材有趣价格也合理，诸如超级玛丽这样的经典电脑游戏邮票或法国各地特色美食邮票等。不过我们也听说过有张19世纪的邮票收藏价格竟高达100万欧元，简直比城堡还昂贵。还有位作教师的大叔为了收藏一个中国古代花瓶居然把自己住的房子都给卖了。反正房子跟花瓶都是身外之物，开心就好，有何不可？只要心神不为外物所控。因为有大量法国人住在带花园的房子

里，所以花园小矮人也成了不少人的收藏，甚至有的人藏品太多以至于花园都摆不开了。另外还有相当数量的法国人家里有地窖，红酒自然也成为他们的收藏品。藏酒是为了自己享用或与朋友分享，不宜过多，也不宜过久。像守财奴似的收藏红酒可行不通，待多年之后终于舍得打开一瓶品尝时，红酒已经变成醋了。

20 世纪 60 年代，当人们开始厌倦忙碌盲目的现代生活，流行起了这样一首歌《重要的是玫瑰》。玫瑰对法国人意义重大，它代表爱与浪漫，还代表心爱的女子。法国人不仅送花给心上人，也送花给母亲，受邀去朋友家吃饭往往也会送上一束或一盆玫瑰。其实不只玫瑰，法国人什么花都喜欢，侍弄花草绝对是他们的癖好之一。城市里公寓的阳台花团锦簇，就像个迷你花园。乡下地方则家家户户均在房前、园中种上花草，日日精心灌溉修剪。园中色彩缤纷、高矮错落的植物相映成趣，如诗如画。令人感叹难道每个法国人心里都住着个艺术家？自 1959 年开始法国每年都举行花卉大赛，花最多最美的地方会赢得“鲜花小镇”的标识。并以一至四朵花来区分等级，四朵花为最高荣誉。凡是赢得标识的城镇乡村都会在显眼处竖上一枚黄底红花的牌子，猜猜我们村儿 Najac 得了几朵小红花？花花草草在法国人心中的地位如此重要，他们还特意设置了个“乡村警卫”（garde champêtre）的职位。说起来这个工作岗位 1000 多年前就存在了，现在属于国家公务员。工作性质算是具备某种程度警察权力的地方警卫，跟大自然有关的一切，诸如花草树木、林间小路都归其负责，遇上偷花贼还有权开罚单。1958 年路易·德·菲奈斯演过一个跟乡村警卫有关的喜剧电影，叫《既没有看到，也没有经历》。片中他演一个既搞笑又奇特的偷猎者，跟毫无幽默感一心要逮捕他的乡村警卫一番周旋，笑料百出。对热爱花草的法国人来说能把生命浪费在大自然中而且还有工资领，想不出更完美的工作了。

法国人普遍有散步癖。有家著名的女性休闲俱乐部创办人声称，她办的健身房就是给美国人用的，法国女性更喜欢户外散步或跑步。我跟托马也是，每天清晨、傍晚都得在村中溜达一圈儿，心血来潮更会去森林中暴走十千米。散步在法国是件特别有组织的活动，被称作 GR 的徒步路线贯穿全法。沿着 GR 既可以到达巴黎，又可以去往最偏远的小乡村。且一路上皆有标识指示，想迷路都难。要知道法国是个边长 1000 千米的六边形国家，而法国境内的 GR 路线却达到了 6 万千米。论国家面积虽算不上大，但地形地貌却相当丰富。既有高山大海，又有森林清泉。无须步行太过遥远便可邂逅多种风景。带上背包和水，再长的路也长不过自己的双脚。当然了法国人做什么都上纲上线，散步也得有专门的俱乐部和工具——两支类似滑雪杆的拐杖。散步还被视为一项富有诗意的活动，一边发现路上的风景，一边沉溺内心的风景。

普鲁斯特在《追忆似水年华》中写道："我的爱情围绕着度假展开。童年时代，我随父母来到小镇贡布雷度假。在那里的桃红色山楂花园里我第一次遇见了希尔贝特——她是我爱上的第一个女人。"法国人的度假癖由来已久，从这部小说便可见一斑。从 1936 年开始法国人就享受年假了，如今年假的时间更长达五个星期。大部分人选择冬季度假一个星期，夏季再度假四个星期。又根据度假时间的选择，出现了"七月人"（Juilletistes）和"八月人"（Aoutiens）的戏称。度假去哪玩什么？既可以懒懒地躺在沙滩上晒一个月的太阳，也可以背着巨大的双肩包循着朝圣之路来个贯穿法国、西班牙的徒步旅行。孩子们假期里常去专为少年儿童开设的度假营生活一段时间。特别是 20 世纪 70 年代到 90 年代，度假营在法国格外流行。它有点儿像学校，可又不用读书、写作业，成天都是好玩的活动。托马小时候去度假营学过划船、登山，还到爱尔兰学过英语……他告诉我记忆中有个度假营挺特别，每日需自己清洁打扫并煮饭。当时的管理员告诉孩子们这是为了锻炼他们的自理能力，如今怎么越琢磨越觉得像管理员在偷懒呢。

5. 法国人眼里的世界

荷兰有句谚语说："天真得像个比利时人，狡猾得像个法国人。"为了公平起见还得再加上句："抠门儿得像个荷兰人。"在吐槽小能手法国人的眼里，与其共享一个地球的这些或远或近的邻居们都是什么形象呢？

作为中国人，我们最关心的肯定是法国人怎么看中国。虽然现如今资讯、交通极为发达，但是在法国人眼里中国仍笼着层遥远而神秘的东方面纱。五千年的历史文明；以孔夫子为代表的至圣先贤；殊胜别致的风景、建筑；令人大开眼界的中国美食；恪守着迥异风俗传统的中国人以及优美深奥的汉字……那是一个未知、迷人的世界，令人无限好奇与神往的世界。法国人遇到超出理解范围的东西习惯说“这简直就是中文”！由此可见对法国人而言中国及与之相关的一切真的是另一个世界。能有机会到地球另一端的中国逛逛是件倍儿有面子的事，从此以后就好像被颁发了“见过世面”的奖章。法国启蒙思想家伏尔泰一生对中国情有独钟，所做的大量论述均以中国为例，他曾评价中国：“是世界上唯一一个奖励美德的国家，也是世界上唯一一个能使入侵者采用他们法律的国家。”当年“太阳王”路易十四也曾对中国产生极大的好奇，先后两次派遣传教团前往中国。在他亲笔致康熙皇帝的信中写道：“至高无上、伟大的王子，最亲爱的朋友，愿神以美好成果使您更显尊荣。获知陛下身边及国度中有许多饱学之士倾力投入欧洲科学，我们在多年前决定派遣我们的子民，六位数学家，为陛下带来巴黎城内著名皇家科学院中最先锋的科学及天文观察新知。但海路迢迢分隔您我两国，且多意外危险。故为满足陛下，我们计划派遣同样是耶稣会士的数学家们以及叙利伯爵，使用路途最短且较为安全的陆路，以尽早抵达您的身边，作为我们的崇敬与友谊之象征，期待忠诚的见证者叙利伯爵返回时发表您一生的非凡作为。为此，愿神以美好成果使您更显尊荣。1688 年 8 月 7 日写于马利。”曾经叱咤风云的拿破仑更发表过脍炙人口的中国睡狮论。被流放圣赫勒拿岛后，他还评价岛上受制于东印度公司的中国劳工“这些人很善良。他们有才能、智慧和自尊心，绝不会长期像这样受英国人或其他任何西方人奴役。”戴高乐执政期间奉行独立外交政策，并英明果敢地与新中国建交。当时的中国与苏联交恶且遭到以美国为首的西方国家围堵，中法建交对 20 世纪中期以后的世界进程产生了难以估量的影响。对中国青睐有加的路易十四、拿破仑、戴高乐三位正好也是法兰西历史上最伟大的领导者。

从历史角度来看法国跟美国代表着西方世界的两个典型。老牌资本主义国家法国倾向于事无巨细地调控及帮助穷人；新兴资本主义国家美国则宣扬自由与个体独立。想当年独立战争那会儿法国又出人、又出先进武器装备地帮美国取得了独立。但到了“二战”时，美国总统罗斯福却对戴高乐将军领导的法国抵抗运动冷嘲热讽。两国打这儿便伤了和气，多年来矛盾冲突不断。政治方面，从对伊战争到世界环境保护问题，法美两国处处意见相悖。法国要求美国用人道主义态度对待关塔那摩美军基地的阿富汗囚犯，美国情报机构则展开了针对法国公民的大规模窃听计划……名义上两国是盟友，实际上谁也不服谁。美国人觉得法国人嘚瑟，法国人觉得美国人没文化。法国人说，瞧瞧美国佬吃的那些垃圾食品吧！他们还真好意思把这些垃圾称为“食品”！奇怪的是在如此鄙视美国垃圾食品的法国，却是欧洲麦当劳数量最多的国家。

英国 2016 年最大的事就得说是投票脱欧了吧。在法国人看来，投票脱欧前英国一只脚在欧盟里边，一只脚在欧盟外边。如今则正好相反。法国人还不厚道地建议宿敌英国加入非盟，说是英国展示出了非洲人相当熟知的素质，比方说“部落主义”。若加入非盟肯定有共同语言，还可以教非洲一两手政治把戏——辞职、炒鱿鱼、背后捅刀子、密谋推翻领导人、关小黑屋里谈条件等。看英国政坛现在这个乱呐！法国前总理米歇尔·罗卡尔（Michel Rocard）两年前接受采访时说：“我无奈地看到欧盟正在死去，这主要是英国的错。英国不间断地阻止任何一个统一的步骤，扼杀欧盟获得决策权的苗头。欧元本身的问题也是英国带来的，因为写欧元协议时英国也在。欧盟是欧洲各民族的一个工具，而英国的疯子们毁了它。”另外，只懂得吃炸鱼薯条的英国佬，既然你们成

天地拿法国磨牙，那怎么一放假还全往法国跑呢？

虽然法国和德国历史上也是宿敌，还得再加上“二战”的过节儿，但是近些年来两个国家却一直是对好基友。作为欧盟的主导者，在国际舞台上法国和德国总是夫唱妇随，紧密合作。不过随着时间流逝，法国人发现欧盟的政策简直就是为德国量身定制的一般，德国人一直从中受益，而法国人却一直往里赔钱。恍然大悟后，法国感觉整个人都不好了……

意大利拥有璀璨辉煌的古代文明，法国人喜欢去意大利度假，看古罗马遗迹。还有那些让人想想就流口水的意大利美食，看在它们的面子上也很难对这个国家有负面评价。意大利人热情又散漫，在他们心里什么都比不上意大利面和妈妈重要。对法国人而言，意大利就像个低配版的法国。

作为邻居，西班牙既给法国超市提供了大量廉价的蔬菜水果，还为法国输出了两位重量级政客——现任法国总理和巴黎女市长。这二位都是西班牙移民，而且总理曼纽尔·瓦尔斯（Manuel Carlos Valls）20 岁才加入法国籍。励志吧，让人有种只要够努力自己也能当法国总理的幻觉。西班牙还是个吃 tapas 和度假的好地方，国宝级的伊比利亚黑蹄火腿富含单一不饱和脂肪酸，有助于软化血管、降低血压。吃货们还等什么？赶紧启程啦。

荷兰的奶酪做得也不错，虽然跟法国的比还差了那么一丁点儿。荷兰人是欧洲最著名的守财奴，其他国家的人在餐馆喝汤发现汤里有苍蝇的话肯定就把汤退掉了，要是荷兰人的话则会立刻将苍蝇拎起并对它喊“吐出来！吐出来！”除此之外荷兰人还是挺本分的，市面上听不到关于他们的闲言碎语。

江湖传闻，讲德语的瑞士人瞧不起德国人，讲法语的瑞士人瞧不起法国人。讲求“中立”的瑞士，独善其身的瑞士，自我感觉格外良好的瑞士，怎么越看越有自私的嫌疑呢？

法国和北欧距离够远，距离产生美。北欧几国生活质量与人文素养均属高水准，貌似没什么吐槽点。不过倒是听说北欧各国之间互相瞅着都不顺眼。

东欧各国算是欧盟里的穷亲戚。这些年来东欧犯罪集团大势收购专家级别的闯空门能手，有组织地带到法国来行窃，给法国警察找了不少麻烦。

葡萄牙手握海上霸权那会儿曾切切实实地牛过。唉，好汉不提当年勇了。目前有 100 万葡萄牙人在法国务工，大部分从事建筑业。葡萄牙师傅的装修水平有口皆碑。南欧温暖和煦的阳光、宜人的风景及超低的物价亦吸引了不少法国人到葡萄牙度假。

当剽悍的俄罗斯球迷以少胜多痛扁英国足球流氓后，法国迎来了本届世界杯最可爱的爱尔兰球迷。就算输了球也没妨碍他们唱歌的心情。爱尔兰队出局后法国人一再挽留爱尔兰球迷多待几天。此外爱尔兰著名的酒吧文化吸引了不少爱喝两杯的法国人前往度假。

希腊也是文明古国，遗憾的是近些年来管理得可不怎么样，总扯欧盟的后腿。

法国人还想问呆萌邻居比利时一句，你们设立文化部是怎么想的？这简直像没有领海的卢森堡设立海军部一样搞笑。

想当年在德国和波兰，梅毒被称为“法国病”；在法国被称为“意大利病”；在俄国被称为“波兰病”；在荷兰被称为“西班牙病”；在塔希提则被称为“英国病”。纵观梅毒这一花柳病在欧洲的叫法，简直就是部各国间的互黑史。人生在世，无非说说别人，也被别人说说。谁较真儿，谁就输了啊！

6. 一堂移民课

1830 年法国占领了阿尔及利亚，并于 1834 年宣布其为法国领地，到了 1905 年阿尔及利亚已完全沦为法国的殖民地。从这时起，大量的阿尔及利亚劳工以移民身份进入法国。与当下无所事事吃国家救济的新一代移民相比，早先的移民到法国相当卖力工作，从事的也都是粗活儿累活儿。第一次世界大战令法国损失了 250 万人口。战后法国开始从其海外属国大量引进劳工，这些劳工主要来自阿尔及利亚、摩洛哥、突尼斯等伊斯兰国家。1962 年法国结束了在阿尔及利亚长达 133 年的殖民统治，两国政府签署了《埃维昂协议》，法国承认阿尔及利亚独立。该协议给予阿尔及利亚人自由通行于法国与阿尔及利亚之间的权利，并可享受法国公民同等待遇。法国政府想当然地认为独立后阿尔及利亚人肯定都归心似箭地要回祖国了，谁料事实正好相反。不但已经生活在法国的阿尔及利亚人没离开，还源源不断有人从阿尔及利亚涌入法国。北非移民取代南欧移民成为法国最大的移民族群，其中就包括足球巨星齐达内的父母。20 世纪 70 年代爆发的石油危机令法国经济受到重创，失业率攀升。法国的土著与新移民之间也因竞争就业机会而爆发矛盾。法国政府开始收紧移民政策，甚至以现金补贴的方式鼓励移民返回原籍国。可请神容易送神难，这一举措收效甚微。随后民权运动风起云涌，催生了法国家庭团聚政策的实施。移民们开始将身在原籍的父母妻儿大规模迁徙至法国，从此雪球越滚越大，越滚越大……目前法国的穆斯林移民已超过总人口数的 10%，是欧洲主要国家中比例最高的。统计数字显示，2014 年巴黎大区的新生儿里非洲及中东族裔比例高达 67%。打个比方，赶上法国跟阿尔及利亚的足球比赛，不论阿尔及利亚是输还是赢，阿裔小混混都得通过烧车和打砸抢来庆祝或泄愤一番。前几天在科西嘉，又有几名头戴袜子的阿拉伯青年火烧皇家花园并袭警。类似事件隔三岔五地上演，给法国制造了严重的社会安全问题。《查理周刊》遭遇恐怖袭击的同一天，法国作家米歇尔·维勒贝克（Michel Houellebecq）的新作《臣服》上市。这部描述穆斯林政党赢得法国2022年总统选举的小说迅速登上了法国亚马逊畅销书榜首。这也直接反映出了法国人内心对穆斯林移民这一日益庞大族群的担心。法国及其他欧洲国家对移民持多元文化政策。相比主流社会，赋予了移民更多的自由与权利，并对其多方照顾。然而在现实中所有的政策和努力皆收效甚微，有着迥异宗教信仰的移民仍难以融入社会。何去何从，有待时间给出答案。

2009年的调查报告显示，法国移民中有42.7%来自非洲，37.7%来

自欧洲，另有 14.2% 来自亚洲。移民法国的华人数量则在每年 8000 名左右。法国承认双重国籍，取得法国国籍主要采用出生地制和血缘制。现行的法国国籍法规定，人们可以通过决定的或自然的血缘关系取得法国国籍，对出生在法国或定居在法国的外国人，也可以通过出生地（定居地）的关系来获得法国国籍。根据法国政府官网给出的信息，成为法国公民有以下五种方式——父母中有一方为法国人；在法国出生；在法国连续住满五年后可以申请十年期限的居留证或者申请入籍；对法国有杰出贡献者也可申请入籍；与法国公民结婚且共同生活满四年可申请入籍。某些情况下五年的居住时间要求可适当缩减，比方说曾在法国上过大学的话。申请加入法国国籍得符合一系列要求，诸如法语水平达标、无犯罪记录、对法国的社会文化以及公民的权利义务均有所了解等。当然了申请是可以申请，但批准不批准就在于人家法国政府了。同时还须达到相关法语要求，在法国生活 25 年以上的法国公民父母可直接申请入籍。虽然法国承认双重国籍，可中国不承认。对打算移民法国的华人来说，就只能二选一了。

我对移民群体的接触是从到法国生活后，去上政府部门规定的培训课程开始的。先是听了不少关于法国的历史、文化、社会、法律等方方面面的介绍，后来我还去邻近的小镇上了几堂法语课。法语老师是位身材小巧的中年短发女士，为人善良、性格开朗，叫伊迪特。班里同学有五位，分别是马达加斯加黑人大妈、俄罗斯金发辣妹、俄罗斯胖大婶、摩洛哥大姐以及一位摩洛哥青年。同学间法语水平参差不齐。黑人大妈“法语”说得倒挺溜，就是没人能听懂，马达加斯加口音那个重啊。金发辣妹跟胖大婶私下都用俄语聊天，她们俩简直就是那个经典俄罗斯笑话的真人版——“结婚前，我的伊莲娜，你就是我生命中的阳光；结婚后，亲爱的让一下，你挡着光了。”娶个俄罗斯辣妹，最终收获个胖大婶，难怪说婚姻是陷阱呢。摩洛哥大姐包头巾、穿传统穆斯林长袍，只是颜色从来都是姹紫嫣红。她跟摩洛哥青年课间休息时总坐在角落里窃窃私语。根据他们在课堂上的个人介绍，应该是各自已婚。两个人走得这么近，也不避避嫌，相当令人惊讶。虽然近年来在伊斯兰国家女人的地位已经超过了骆驼，但仍动不动就听闻有因为不守妇道或什么奇葩原因被石头砸死的。不过这是人家的私事，轮不到外人瞎操心。伊迪特买了本学汉语的书，每次课间休息都来找我学几个词。她还真没白当语言老师，悟性挺强，很快便摸着了学汉语的门道儿。这些年来她跟着学生们把俄语、阿拉伯语、日语都学会了。最牛的是，伊迪特居然听得懂马达加斯加黑人大妈在说什么！俄罗斯胖大婶有时会带些洗净的黄苹果跟大家分享。她说她到法国是投奔儿子来的，儿子孝顺，娘俩过得很舒心。年轻时孩儿他爹是个酒鬼，一喝高了就对她抡拳头，忍无可忍离了婚她才得解脱。虽然俄罗斯人被称为“战斗民族”，可这战斗力哪能用在打老婆上？有能耐上战场冲锋陷阵去。有次上着上着课，俄罗斯胖大婶突然晕倒，把我们都给吓坏了。原来她有严重的糖尿病，控制不好时便会突发低血糖，难怪她总随身带着苹果。所幸送医就诊及时，最后她有惊无险。每次上课伊迪特都给两位摩洛哥同学安排特别简单的字母、生词抄写功课。我好奇是不是所有阿拉伯母语的人写起“ABC”来都那么吃力。一天正上着课呢，摩洛哥青年被一位服饰夸张的年轻女子给喊出去了，随即便从走廊传来二人阿拉伯语的争吵声。此后他再也没去上过课，伊迪特说学校尝试了多次都联络不到他。摩洛哥大姐看上去明显失落了，经过他如今空荡荡的桌椅时一声叹息，只不过一身长袍仍旧姹紫嫣红着。我自作主张报名去参加了考试，谁料竟考了个 100 分。伊迪特得知后说，她教书二十多年只遇上过两个考 100 分的。看来应试教育下训练有素的中国学生不管搁在哪都能轻松做学霸啊。我提前结束了法语课，唯一小小的遗憾是没办法继续帮伊迪特了，她的汉语学习才刚刚开了个头儿。

7.《小王子》在法国的地位 *

法国作家、飞行员安托万·德·圣·埃克苏佩里（1900—1944年）的《小王子》出版已有70余年。原作被翻译成270种语言，总销量超过1.45亿，仅次于《圣经》位居全球第二。在加拿大、摩洛哥、黎巴嫩、日本及韩国的学校课本中均收录了《小王子》的内容。法国的学校亦会围绕《小王子》举办一系列话剧、讨论等活动。我第一次接触这个童话是在小学课堂上，到少年时代我已通读了所有圣·埃克苏佩里的书。圣·埃克苏佩里和他的书点燃了我成为飞行员与冒险家的梦想。

20世纪初是人类航空史的起点。当时的飞机都很小，完全谈不上安全可靠，发动机故障频繁发生。最早的一代飞行员飞行时都会随机配一位机械师，发生紧急迫降且幸存下来的话，首先要做的事便是修理飞

* 本节内容由托马写作，小鱼翻译。

机。而事故的发生地通常都在杳无人烟的荒野之中。

在那个年代假如选择了飞行事业，不论军事还是民用航空，皆意味着存在很大概率——短短数年内便会付出生命的代价。死亡如影随形，是任何一位飞行员日常需要面对的问题。圣·埃克苏佩里本可以早几年开始他的飞行生涯，但由于这项事业中所蕴含的巨大风险未婚妻阻止了他。他当时的未婚妻是同样贵族出身、同为作家的露易丝·维勒默罕（Louise de Vilmorin），最终二人分道扬镳。

对那个年代的飞行员来说，除去死亡阴影的笼罩，飞行还意味着满世界的非凡冒险。20 世纪 20 至 30 年代，圣·埃克苏佩里受聘于拉泰科埃尔航空公司（Latécoère）。飞行地点包括法国、非洲及南美洲部分国家，也就是说要飞越高山、大海和沙漠，难以计数的冒险发生了。比如曾有一位飞行员在南美洲的高海拔山巅迫降，当时的情况完全不具备起飞条件，连条路、连块平地都没有。结果飞行员和机械师破釜沉舟地将飞机推上了悬崖，感谢坠落悬崖前那短短几米的下降，让飞机在迅速直线坠落后又赢得足够的速度飞了起来。这是一次名副其实的置之死地而后生的经历。要知道他们当时别无选择，在如此海拔高度，既没有现代登山设备又没经过任何专业训练，若贸然步行下山绝无生还可能。从某种角度来看，人类飞行史上的这些飞行员先锋就像古罗马的角斗士，只不过他们对抗的不是彼此而是恶劣的天气与危险的环境。

圣·埃克苏佩里曾有一次在非洲撒哈拉沙漠坠机，当时没有机械师，也没有乘客，只有他独自一人。独自一人面对茫茫无际荒野中的迫降。独自一人面对酷烈沙漠的曝晒与炎热。独自一人面对恐惧。恐惧被野蛮部落所杀；恐惧死于高温与缺水——正如他在《小王子》中所写："沙漠之所以美丽，正因为在它的某处隐藏着一口井。"恐惧可以吞噬一切的未知，而这份未知正是那些飞行员生活中的一部分。还要独自一人面对那份终极的对于孤独的恐惧。

《小王子》被视为一本写给孩子的童话，事实上孩子们也的确喜欢它。我童年时第一次读这本书便爱上了它。不过在我看来《小王子》并非童话，正好相反。它是一本写给成人的书，讲的是生命中的痛苦、黑暗、死亡以及真正的价值。书中描述的种种皆在飞行员脑中切切实实地发生过，是他坠机于撒哈拉沙漠后的心路历程。它不是《爱丽丝漫游仙境》，不是个飘在云朵上的梦。《小王子》与作者的生活息息相关，与他接近死亡时的感受直接对照。关于此，可在书中找到诸多线索。

首先，玫瑰指代的其实是圣·埃克苏佩里深爱的太太康斯薇洛，她“骄傲而脆弱”，如他在书中所写。“她不愿小王子看到自己哭泣，她曾是如此骄傲的一朵花。”和圣·埃克苏佩里的母亲一样，康斯薇洛是一名画家，来自中美洲。对他而言，她就是玫瑰，值得他全身心地爱恋与仰慕。二人的婚姻一直持续到圣·埃克苏佩里飞机失事坠落大海。1998 年有位渔夫在同一片海域打捞到了圣·埃克苏佩里的银手环，上面刻着“安托万和康斯薇洛”。圣·埃克苏佩里失事30 多年后康斯薇洛离世，依照遗嘱她写的一本书得以出版，书名为《玫瑰的回忆》。

其次，圣·埃克苏佩里本人曾有过驯服野生动物的经历，他甚至还在飞行中驯服过一头幼狮，要知道当时幼狮已攻击并伤害了机械师。

他驯服的其他野生动物包括瞪羚、变色龙、海豹幼崽、美洲狮以及狐狸。狐狸，正是书中小王子所驯服的。“对我而言，你只是一个小男孩，和其他成千上万的小男孩没什么不同。我不需要你，你也不需要我。对你而言，我也和其他成千上万的狐狸没什么两样。但假如你驯服了我，我们就彼此需要了。对我而言，你是举世无双的；对你而言，我也是独一无二的。”

再次，书中多次言及了死亡这一话题。在沙漠中飞行员面临着死亡的威胁，玫瑰曾威胁说要让自己死去，而小王子最终真的舍弃了躯体。书接近尾声时飞行员对小王子说：“我们会渴死的。”真实生活中死亡始终伴随着圣·埃克苏佩里的飞行生涯，最终他也真的死于飞机失事。

接着，书中忙着给属于自己的星星计数，连抬头时间都没有的商人像极了圣·埃克苏佩里航空公司那位冷酷贪婪的老板迪迪埃·多哈（Didier Daurat）。这位老板为了做生意有时不惜让飞行员去送死，圣·埃克苏佩里常常无法理解生意怎么能与生命相提并论。书中的商人也是小王子唯一批评过的人。

最后，书中提到沙漠中隐藏着一口井，他们筋疲力尽之时找到的那口井。当他们饮了井中的水，小王子说水将他的心也注满了，因为水把生命交还给他们。现实生活中，写作本书前圣·埃克苏佩里曾在利比亚坠机时几乎死于缺水。

《小王子》是关于一位经验丰富的飞行员、一位才华横溢的作家在物理上介于生存与死亡之间的极端处境时的意识觉醒，是在现实与幻觉之间天马行空的想象力，是一个人于无穷重压之下所激发出的人性之光，是面对残酷现实和经受痛苦折磨时展现出的意志强度和生命韧性。该如何面对恐惧、突如其来的危险、绝望以及希望？当由于睡眠不足、饥渴、高温导致精疲力竭，大脑明了身体正在经受的折磨并准备迎接死亡，只是消失前他还在寻找……小王子请求蛇去咬他，如此他便能回到

自己的星球。“他轻轻地像一棵树般倒在地上，由于沙地的缘故，连一点声响都没有。”

我做飞行员时也曾经历过飞机发动机失效，从军时在荒蛮的撒哈拉沙漠遇到过缺水、体能被逼到极限以及孤立无援，做消防员时则体验过在艰难处境下对死亡的恐惧。当我历经所有这一切之后，再读《小王子》，我读到一个一无所有之人的非凡祈祷。当他被抛掷于一片荒芜之中，被抛掷于另一个星球。死亡带着残酷的诗意一步步追近，那个片刻前还在天空恣意翱翔的人拒绝接受命运的宣判。他挣扎着用尽全部力气寻找一条生路，一条回家的路。他如此渴望，澎湃着的巨大渴望令他的意识旋转、旋转。在距死亡只有几次呼吸之遥，他回到了童年。那一刻的顿悟，有关生命的终极意义，再深奥的哲学亦无法解读。唯有灵魂无限接近透明。“这就是我的秘密，一个再简单不过的秘密。只有用心才能看到真相，最为重要的都是眼睛看不见的。”比如爱，比如梦想。

最终的结果是这样一本纯净美好的小书，如此直指人心的小书。一个作家走到世界的尽头，走到他内心的尽头来点亮每一个人内心深处的光。

FRANCE
NON-PRETENTIOUS
GUIDE

第六章

旅游在法国

1. 乘一只慢船去巴黎

“一千个人眼中就有一千个哈姆雷特。”关于莎士比亚《哈姆雷特》的这句流传甚广的谚语也能套用在巴黎这座城市上。在一个随机采访中，我们听到了如下巴黎印象——巴黎的美无处不在，每个街角都能拍出明信片；购物天堂，化妆品、奢侈品比国内便宜多了；大街上尽是型男正妹，太适合来段浪漫邂逅了；卢浮宫、凯旋门、塞纳河、红磨坊、埃菲尔铁塔、巴黎圣母院、拉雪兹公墓、香榭丽舍大街……此处省略3000字；法国大餐好吃啊，差点儿就赶上中国火锅啦！

巴黎，又被称为“光之城”。这里的“光”不仅指巴黎不夜城的灯光璀璨，更指在这座城所诞生的启蒙思想和先锋艺术文学。雨果、都德、左拉、莫里哀、福楼拜、大仲马、巴尔扎克、卢梭、伏尔泰、孟德斯鸠、肖邦、罗丹、凡·高……先不说这些从巴黎捕获灵感而后又激发了他人灵感的大师们，就连巴黎的乞丐也相当文艺。一位名叫让·马利·鲁高尔的乞丐在街头流浪了20余年后，居然摇身一变成了畅销书作家。他写的《我的乞丐人生：街头生活》一书销量已近5万册。自传上市后鲁高尔多次出现在报纸和电视上，客串了个电影，还有了自己的粉丝团，俨然已成巴黎的丐帮帮主。目前他最大的梦想就是等版税拿到手后开家可丽饼店。童年时鲁高尔跟着酒鬼父亲生活，早早便辍学，后来更流浪街头乞讨为生。他倒是挺敬业，一周工作七天，既不度假也不罢工。他还根据客流量调整工作地点，周一至周五在香榭丽舍大街乞讨，周末则换到咖啡馆。坐在地上，塑料杯往脚边一放就算上班了。近几年法国经济不景气，丐帮的日子也不好混。

如他在书中所说："我每周七天上班，无论生病还是刮风下雨。每天我得讨到 80 欧元才能解决食宿问题。"为了吸引更多路人关注，他给出的乞讨理由是为了筹钱去参加丐帮组织的巴黎时装周。要不是因为一段奇遇，鲁高尔如今可能还在过着他波澜不惊的典型乞丐生活。某天晚上，鲁高尔偶然邂逅了时任法国内政部部长的德勃雷并帮对方看了会儿自行车。攀谈中德勃雷鼓励鲁高尔以写书的方式来改变人们对乞丐的看法。随后的几年中这位前内政部部长竟然亲力亲为地辅导起了鲁高尔的语法和写作技巧。这一段国家领导人与社会最底层乞丐之间因书而结下

的友谊或许只会发生在巴黎这座“光之城”吧。

法国经典戏剧作家萨沙·吉特里曾说：“所谓巴黎人，并不是生在巴黎，而是在巴黎重生进而脱胎换骨。”法国文豪巴尔扎克也说过：“不经常来巴黎的人从来都不会完全变得优雅。”巴黎是一座适合放缓脚步的城市。它一半是现实，一半在梦里。它也是唯一一座连在街头喝杯咖啡都是艺术的城市。巴黎的清晨是从牛角面包和咖啡开始的。我们常去的是一间 20 世纪 20 至 30 年代风格的小咖啡馆，店主是位 80 岁耳背的老婆婆。在巴黎随便走进间咖啡馆都是百年老店。它们定格成默片中的一个场景。在这里岁月很长，生命很短。早餐后去卢森堡公园遛遛弯儿，坐在高大古树下翻两页书。塞纳河左岸拉丁区的窄巷中有数不清的画廊和书店，最适宜消磨时光。无意中逛到一家别致的小酒店。它古老而洁净。窗户高窄，窗台摆一盆粉蔷薇。浅棕色暗花菱格地板和孔雀蓝复古花纹墙纸透着浓浓的老巴黎风情。很久很久以前，在一切故事发生的时候，毕加索会不会也坐在同一张古董书桌前写下给心上人的信？酒店走廊写着“一个做梦的空间”，的确。店主是位养着两只大金刚鹦鹉的怪脾气妇人。正对我们口味，于是退掉住着的酒店搬来了这里。

下午茶得去花神咖啡馆，萨特和波伏娃的花神咖啡馆。不管白天还是晚上，咖啡馆门前总排着队。菜单制成薄薄一本书，于细节中体现不凡气质。冬季里花神咖啡馆旁边有个卖烤栗子的小摊位，摊主居然会用中文说“你好”、“谢谢”和“栗子”。寒冷的街头，买上一袋热乎乎地握在手里边走边吃。去超市采购，恰好遇上志愿者分发塑料袋和传单。愿意的话可以买些传单上的食物装在袋中，志愿者们会将其送给无家可归者。我跟托马也领了袋子，买了饼干和果酱交给志愿者。一份举手之劳的小小善意，温暖的先是自己那颗心。穿短斗篷和长靴子的年轻女子骑自行车轻快驶过街头；街头艺人在熙来攘往的人群中灵活地操控牵线木偶；尽职尽责的导盲犬带领盲女步下阶梯进入地铁站台；站台边座椅上和前一天同样的位置，坐着男女莫辨的中年人抱着肯德基全家桶吃得欢快，他（她）一只脚光着，另一只脚套着黑色塑料袋，裸露的腿部皮肤溃烂。地铁中，十五六岁的男孩亲吻女孩双颊，送她一束小瓢虫牛皮纸包裹的淡粉玫瑰。女孩一路上将花郑重地捧在手里……

晚餐在 Polidor 吃，穿过不起眼的门面进入店堂，来自 19 世纪浓厚的文艺气息便将我们包围。当年海明威和乔伊斯常来这儿喝酒找灵感。伍迪·艾伦也曾在这儿拍片取景。“二战”时期这间餐馆更尽其所能地为饥馑的人们提供食物。餐馆菜色其实并不出彩，可来这里吃的不是一个梦吗？饭后餐馆还送了张复古风的自制明信片。明信片上的照片摄于 1987 年，厨师和服务员在餐馆前笑笑地站成一排。我们俩对照着看身边往来的服务员，当年的青青少艾如今都已人到中年了。夜幕下冷风中排了好久的队，终于乘电梯登上了埃菲尔铁塔最顶端。星空那么近，夜巴黎的魅惑与迷人在脚下铺展开来。这绝对是我们俩这辈子花得最值得的30欧元。午夜过后巴黎街头仍旧熙熙攘攘，这是座不夜城。餐馆、酒吧、夜店都是消夜的好去处。凌晨一点半，我们吃了蜗牛和汉堡包，又去街上的糖果摊子买各色糖果吃。夜色正浓。

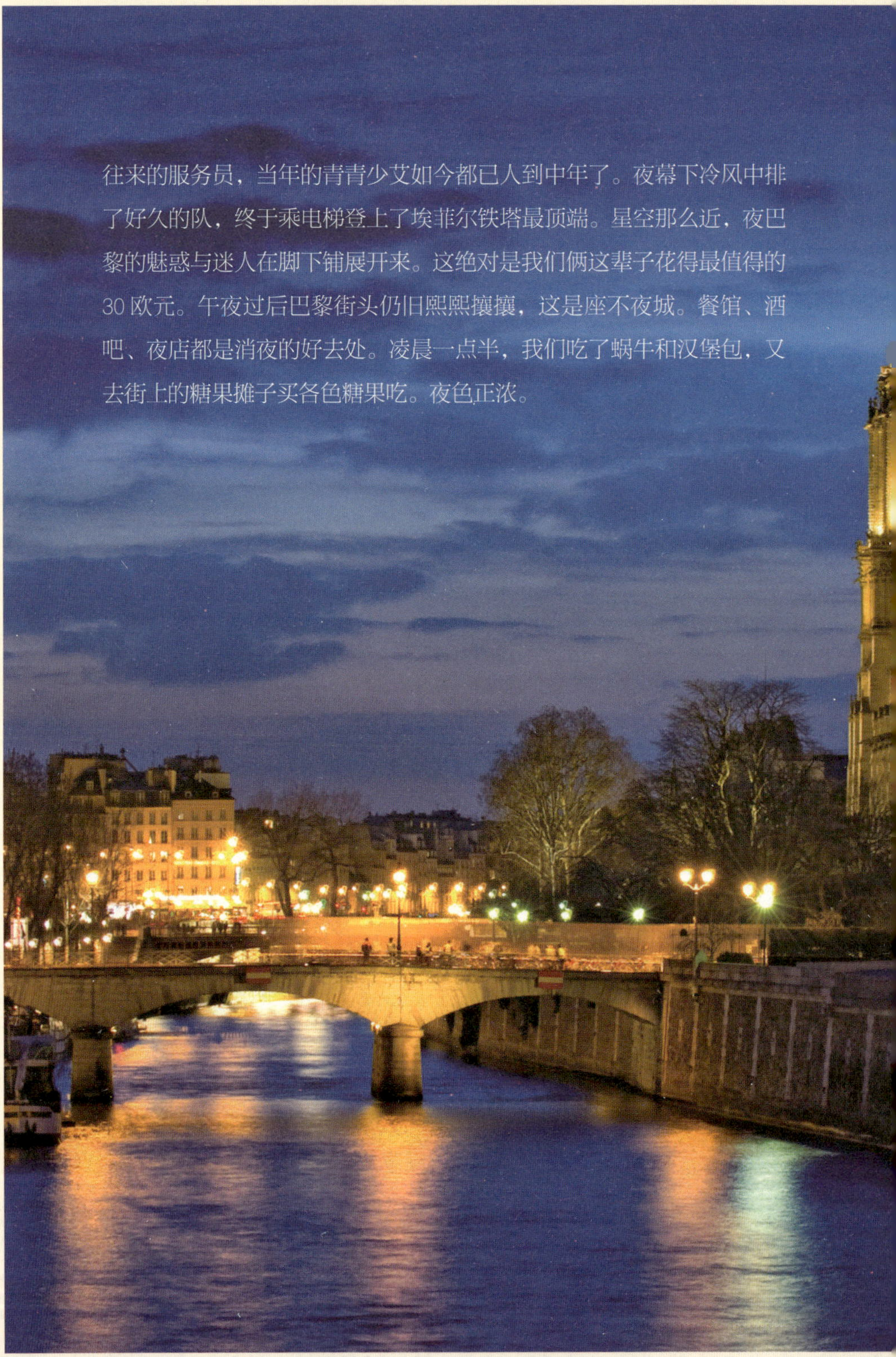

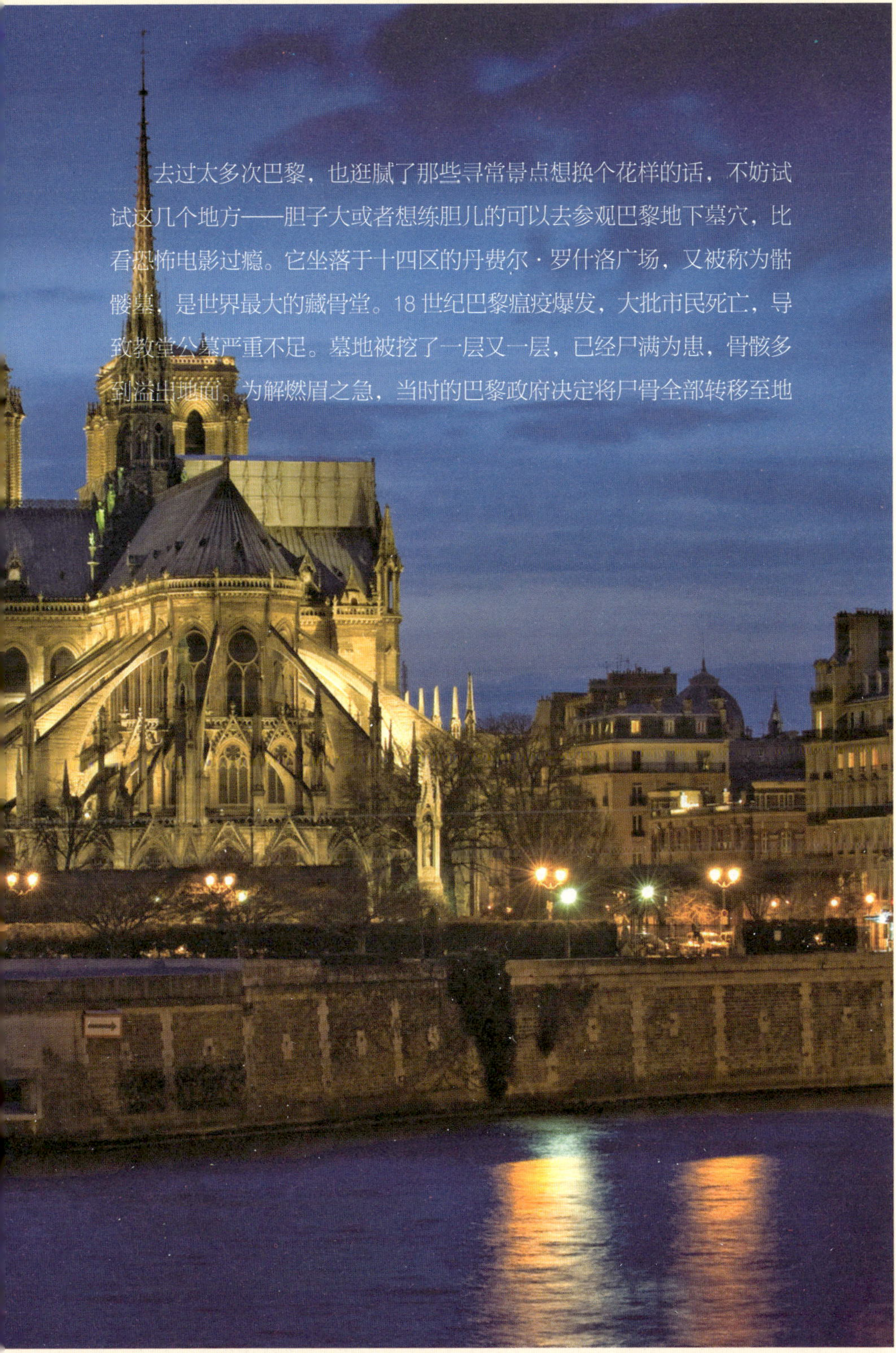

去过太多次巴黎，也逛腻了那些寻常景点想换个花样的话，不妨试试这几个地方——胆子大或者想练胆儿的可以去参观巴黎地下墓穴，比看恐怖电影过瘾。它坐落于十四区的丹费尔·罗什洛广场，又被称为骷髅墓，是世界最大的藏骨堂。18 世纪巴黎瘟疫爆发，大批市民死亡，导致教堂公墓严重不足。墓地被挖了一层又一层，已经尸满为患，骨骸多到溢出地面。为解燃眉之急，当时的巴黎政府决定将尸骨全部转移至地下的废弃采石场。教士们花费了 20 多年时间才完成这项巨大的工程。最终堆放的骨骸在 600~700 万具。沿着石阶盘旋而下，进入幽暗绵长的隧道中，即刻便被铺天盖地的人骨包围了。原来浪漫奢华的巴黎还有如此黑暗神秘的一面。整面整面的骨头墙被头骨、腿骨、碎骨等摆出各种简洁优雅的图案造型，堪称最阴森恐怖的艺术了。地下墓穴中也葬了不少名人，比如作家拉封丹、哲学家孟德斯鸠和帕斯卡、革命家罗伯斯庇尔和他的对头丹东……他们的骨骸散落各处与普通市民相混，尘埃落定后众生归于平等。巴黎地下墓穴除了是亡灵们的安息地，“二战”时还被戴高乐将军领导的“自由法国”抵抗组织当作秘密指挥部。一些巴黎名流、学者和艺术家也曾在此举办音乐会。不知他们玩得开心时猛然瞅见墓穴石碑上刻着的“辱没亡灵，天诛地灭”时会有何感想呢？除了另类的地下墓穴外，还有不少有意思的地方可供探访。比如由建筑师帕特里克·贝尔热设计的巴黎中央市场，其夸张的造型对巴黎老城区风貌造成了强烈的冲击。这可是面积与销量都世界第一的市场，光是蔬菜区就占了八栋建筑。红酒爱好者可以去距卢浮宫几步之遥的葡萄酒地窖。当年这里是法王路易十五侍酒师的酒窖，如今游客们不仅可以在此了解巴黎葡萄酒历史，还可预约品尝法国陈酿葡萄酒。坐落于巴黎城西布洛涅森林公园的路易威登基金会大楼俨然已成巴黎的最新地标，由“建筑界的编舞师”弗兰克·盖里设计。这座建筑看上去简直违反了物理学定律，仿佛一朵玻璃云飘浮于巴黎上空。日暮黄昏时分就去圣马丁运河乘船，感受一番巴尔扎克笔下的 19 世纪巴黎风情。或者只在河畔悠闲地散散步、读读书也好。这里不似塞纳河的喧嚣繁忙，是巴黎一处清静怡然的世外桃源。不能错过的还有雪铁龙公园的经典项目热气球，升到 150 米的空中俯瞰整个巴黎的花花世界声色犬马。不差钱的土豪们还可以选择乘直升机游巴黎，可以看得更高些，更远些。

2. 蓝色海岸

蓝色海岸得名于斯特凡·雷查（Stéphen Liégeard）1887年所著的同名小说。它位于法国东南部地中海沿岸，又称里维埃拉地区。依照书中的定义，西起马赛，经圣特罗佩、戛纳、尼斯等城市和摩纳哥公国，东到法国与意大利边境。这条绵延115千米的海岸线不是依照行政区域来划分的，而是一片文学意义上的蓝色海岸。其地理位置得天独厚，海山相依，风景殊胜，气候宜人。

蓝色海岸是世界上最为奢华、富庶的地区之一，也是全球名人、名流跟超级富豪集聚之地。从18世纪末它就被英国贵族当成冬季疗养胜地，维多利亚女王喜欢到此度假，那位情妇和私生子数不过来的爱德华七世也是常客。19世纪中期通了铁路后，俄国的王公贵族们也来了。想当年每逢夏季，富可敌国的老牌国际金融大鳄罗斯柴尔德家族也会来此避暑。那是座可以观海的粉红色大宅，被典雅精致的法式园林所簇拥。宅内雕梁画栋，富丽堂皇，一件件艺术收藏品更是美轮美奂，令人叹为观止。如今这座豪华庄园连同内部的收藏品已悉数捐给了国家，民众可进入参观。上超级富豪家串门儿的机会哪是随便能有的，挺值得一去，入口处还提供免费的中文解说器。进入20世纪后毛姆、赫胥黎、毕加索、马蒂斯等作家、艺术家开始造访蓝色海岸。不少歌星、影星也在此置业，比如艾尔顿·约翰、碧姬·芭铎等。

蓝色海岸地区有太多迷人的地方值得一游。比如圣让卡普费拉，虽然是个面积只有2.5平方千米的小村庄，房价却是全球最高的。据法

国《焦点》杂志报道，目前这里的平均房价已高达每平方米 3 万欧元以上。村中居民包括比利时国王、摩洛哥亲王、法国总理以及多位著名艺术家、演艺界巨星和商界新贵。前面提到的罗斯柴尔德家族庄园也在这里。夏季一到，村儿里的直升飞机、豪华游艇和顶级房车便频繁出没，那是名人富豪组团来度假了。小村落背靠阿尔卑斯山，面朝地中海。阳

光和煦、碧海银沙、花团锦簇、草木葱茏。如此人间天堂般的风水宝地，难怪权贵名流们皆青睐有加呢。传说中他们过着这样一种生活——每天睡到自然醒，去米其林餐厅吃过饭后就驾着豪华游艇出海了，或者开派对，或者躺在甲板上晒太阳，晚上再去听场音乐会，偶尔还得去摩纳哥小赌怡情一番，反正也没多远。

圣特罗佩又叫“太阳城”，由此就可以想象当地的阳光有多灿烂了。那里的沙滩也相当特别，不像其他地方动不动就绵延几十千米，而是由近百个小型沙滩组成的。这座地处戛纳与马赛之间的小城在半个世纪前不过是个默默无闻的渔村，直到碧姬·芭铎那部著名的电影《上帝创造女人》才让它成为时髦的度假地。港湾中密密麻麻地停泊着来自世界各地的私家游艇。别的地方只听说过找停车位难，到了圣特罗佩想找个泊船位都难。海岸边是鳞次栉比的豪华酒店和高档私家别墅。古朴的街巷中随处可见名牌跑车。香奈儿、普拉达等奢侈品店新品上市比巴黎还要早。香奈儿设计总监卡尔·拉格斐曾说：“圣特罗佩象征着自由的海港，同时也包含了现代时装密码。”圣特罗佩浮华奢靡的氛围自然也吸引了不少富豪明星前往度假，据说其中包括了布拉德·皮特、乌玛·瑟曼、碧昂丝、贝克汉姆一家等，戴安娜王妃生命中的最后一张照片也是在这儿拍的。路易·德·菲奈斯著名的“警察系列”电影中也有一部是在圣特罗佩取的景，名为《圣特罗佩的警察》。影片提到了裸泳这件事，话说蓝色海岸的沙滩上放眼望去到处都是晒太阳的半裸辣妹。勇气足够的话还可以试试全裸沙滩，在圣特罗佩甚至连同性恋沙滩都有。正所谓各取所需，总有一款适合您。想当年林青霞与邓丽君也曾结伴在法国南部裸泳。回忆往事林青霞感慨：“当时觉得像与天地融为一体，很快乐，那是我追求的感觉，我想邓丽君跟我同样怀念那一天。”

小城戛纳与尼斯和蒙特卡洛并称为南欧三大游览中心。这里阳光明媚，繁花似锦，高大翠绿的棕榈树掩映着雪白的建筑，海水一如温润清透的碧玉。历史上戛纳曾被雷汉岛修道院的僧侣长期控制。好不容易脱离了僧侣的控制，英国和西班牙又来捣乱，结果都被法国赶了回去。19 世纪英国布鲁厄姆勋爵无意间来到当时还是个渔村的戛纳，未承想却对这个风光旖旎的地方一见钟情。勋爵于是在戛纳大兴土木，建造自己的府邸。这一举动成了欧洲上流社会茶余饭后的最新谈资，从维多利亚女王到毕加索都对戛纳那疙瘩生出了好奇心。自此各路名流贵族相继而来，就这么把戛纳的 GDP 给推上去了。到戛纳可以搭渡轮去圣玛格丽特岛转转。中世纪那会儿岛上曾用来流放妓女，小仲马在《茶花女》中也提到过它。此外它还是传说中“铁面人”的关押地，当初的囚室仍保留原样。岛上松树参天，花香袭人，是个偷得浮生半日闲的好所在。假如想看大明星那就赶在戛纳电影节期间来，不过那时候酒店可不容易找，最好预订妥当或者干脆自备睡袋。

尼斯是蓝色海岸地区最大的城市，也是紧随巴黎之后的法国第二大旅游城市。40 万年前就有土著居民生活在这片土地上了，此后还曾处于古希腊和古罗马的交替统治下。也因为这段历史，尼斯的老城仍保留着些许意大利风情。到了尼斯，不可错过的美食是尼斯沙拉。它将番茄、煮鸡蛋、橄榄、土豆、豆角、凤尾鱼等食材混合，再以红酒油醋汁调味。口味清爽且料多量足，都能当主菜吃了。尼斯的节日庆典格外多，诸如五月节、赛花节、帽子节以及每年 2 月盛大的狂欢节，一年到头这里总热热闹闹的。

埃兹的房子都建在了岩壁上，就好像老鹰筑巢，于是得了“鹰巢村”的别号。城中的一切都由石头筑成，石路、石墙、石房，此外就是碧绿无穷的植物与盛放的鲜花。这座有着 2500 年历史的小山城不但是希区柯克电影《捉贼记》的取景地，也是摩纳哥前国王与格蕾丝·凯利童话爱情开始的地方。尼采居住埃兹期间因散步而触发灵感，创作了《查拉图斯特拉如是说》的第三部。为纪念这位伟大的哲学家，埃兹旧城山顶的一条路被命名为“尼采小径”。城中有家建在悬崖上的五星级“金羊酒店”，住在其中真有种“面朝大海，春暖花开”的感觉。

安提布是欧洲最古老的海港之一，斑斓的色彩与明媚的阳光也使之成为毕加索的灵感泉涌之地。1946 年毕加索携女友吉洛来此居住，短短两年间便创作了 100 多幅画作。当他离开时竟将这百余幅画作全部捐赠给了安提布，小镇顺理成章地也就有了一座毕加索美术馆。在这里白天可踏浪、享美食、漫步于那些古朴迷人的老街窄巷，赶上节庆夜晚更可欣赏到绚烂的海上烟花。

假如二三月间到蓝色海岸可以去芒顿参加柠檬狂欢节，5 月的话则可以去香水小镇格拉斯参加玫瑰节。这些值得探访的大城小镇仿佛一颗颗熠熠闪光的钻石，镶嵌于迷人的海岸线上，镶嵌于海天一色的湛蓝中。

3. 普罗旺斯的阳光

法国作家罗曼·罗兰曾说："法国人之所以浪漫，是因为它有普罗旺斯。"美国第三任总统托马斯·杰斐逊也说过："此刻我置身玉米、葡

萄酒、油和阳光满盈的大地上，如此人间仙境，夫复何求？”从地理上来讲普罗旺斯打哪开始到哪结束从来众说纷纭，莫衷一是。从历史角度来看，几个世纪中普罗旺斯的边界亦发生过多次伸缩变形。按照当下的行政区域划分，普罗旺斯的全称为“普罗旺斯—阿尔卑斯—蓝色海岸”，简直把法国东南部几个省一网打尽了。这么说难道在圣特罗佩的沙滩上晒过几天太阳、在戛纳看过几个明星也能说去过普罗旺斯了？

在我看来，普罗旺斯是有米斯特拉尔风吹过的地方。地球上狂暴恶劣的大风有多种，其中最著名的就是普罗旺斯的米斯特拉尔风。当冬季来临，米斯特拉尔风亦如影随形。照马赛人的说法，普罗旺斯一年中有100天都在刮米斯特拉尔风。狂风大作时，陆地风速可达每小时185千米，海上更会掀起八级劲风。在普罗旺斯寓言中，米斯特拉尔风连骡子的耳朵都能给吹掉了。前两年让·雷诺演过一个在普罗旺斯乡间种橄榄树的老嬉皮，电影的名字就叫《米斯特拉尔说》。因为他的橄榄树不靠蜜蜂授粉，靠的是酷寒凛冽的米斯特拉尔风。当狂风止息，阳光穿透云层照耀大地，普罗旺斯的天空湛蓝宁静。

如果有一种气味能代表普罗旺斯，那就是薰衣草。它强烈而又恬淡，在暖阳下静静发散，令人想到夏日里悠长的假期以及童年时做过的梦。七八月间薰衣草开得正盛，漫山遍野茫茫无际的紫色花毯。普罗旺斯的薰衣草大致有三种。首先是原生薰衣草，品质上佳，用于制造高档香料和香水。其次是长穗薰衣草，又称薄荷薰衣草，较原生薰衣草叶子宽、花穗长。再次就是原生薰衣草和长穗薰衣草混种的薰衣草。虽然不及原生薰衣草芬芳隽永，可混种薰衣草提炼出来的精油量大，种植起来也更容易，普罗旺斯最多的也是它。法国人将薰衣草的用途开发得淋漓尽致，不仅加进肥皂、香水和乳液中添香，还将其制成了杀虫剂，甚至有个头疼脑热的也要口服薰衣草精油。貌似这薰衣草也是包治百病的节奏了。

什么是普罗旺斯风味菜肴？答案是大蒜味！将大蒜捣碎，再调上些普罗旺斯丰沛阳光所滋养的精纯橄榄油，便成为当地菜肴的基调。然后加进汤中、抹在面包上、拌沙拉、拌面、配鱼、配肉……百试不爽。还有种普罗旺斯大蒜蛋黄酱，想做一人份的酱料就需要两瓣蒜。那活泼丰满、提神醒脑、楚楚动人的大蒜味，不仅为菜肴增了色提了味，连不必要的社交都替食用者避免了。从中医角度来看，大蒜温中健胃，消食

理气。古希腊医学之父希波克拉底也声称大蒜可治疗牙痛、癫痫和麻风病。前几年塞尔维亚巴伊纳巴什塔镇闹出吸血鬼出没的传闻，结果传说中有避邪之效的大蒜在当地脱销。最近一位法国美女博主还将大蒜当成护肤品抹在脸上，说是有祛痘功效。她这么说还真有那么点科学依据，因为大蒜的主要成分大蒜素有消炎作用。法王亨利四世也是大蒜的脑残粉，同时他还响应孟子“独乐乐不如众乐乐”的号召，每回用餐都得邀几位陪客，把客人们给熏得够呛。亨利四世在推广普罗旺斯风味菜肴上功不可没。只是可怜了他的王后和情妇，但凡被亨利四世翻牌子就得往身上猛洒香水来对抗大蒜味。

茴香酒是用八角茴香跟香草酿制的开胃酒，喝时加冰块儿，再兑水稀释，酒的颜色亦会由金黄转为乳白。这种酒口感独特，甘草味夹杂着些许茴香与胡椒味。格外适合炎夏里饮用，不知不觉便灌下好几杯，简直忘记它的酒精含量直追二锅头了。茴香酒的前身是被称为“绿仙女酒”的苦艾酒。苦艾酒的成分包括蒸馏过的葡萄酒、苦艾、茴香及各种香料，其中的苦艾有致幻作用。不少大艺术家都好这口苦艾酒。毕加索不但画过一幅《喝苦艾酒的女人》，还创作过总共六个版本的青铜雕塑《苦艾酒杯》。画芭蕾舞女演员出名的法国画家埃德加 · 德加也画过一幅《苦艾酒》，画中女士面前明显地摆着杯绿色液体。要说苦艾酒的头号粉丝还得数凡 · 高，他画的《苦艾酒杯》可不止一幅两幅。苦艾酒的绿色还被他广泛用在了作品中，从杯中之水到窗外的街随处可见苦艾绿。江湖传说也是因为过量饮用了苦艾酒凡 · 高才割下了自己的耳朵。法国政府发现苦艾酒严重影响了广大人民的身心健康，便于 1915 年下令禁了苦艾酒。面临倒闭的苦艾酒商脑筋转得倒挺快，迅速生产出了不含致幻成分的茴香酒。它在法国究竟有多流行呢？据说法国人一天得喝上 2000 万杯茴香酒。

人类已在普罗旺斯居住了几千年，留下了太多城堡、教堂以及古老优美的小村落。亚维农有沧桑壮观的城墙和恢宏粗犷的教皇宫，夕阳余晖落在隆河与被河水冲断的圣贝内泽桥上，令人感慨世事变幻，弹指百年。艾克斯是画家塞尚的故乡，古城内有近百处喷泉，据说当地的泉水还能疗病。去艾克斯可以参观下塞尚的画室，尝尝源自中世纪传统普罗旺斯风情的可林松杏仁饼。它由杏仁、糖渍蜜瓜、果浆、橙花露和糖制成，扁扁菱形的小点心，一口便能吞下一颗。顺便还得去当地有名的酒庄去品品酒。艾克斯本地人都说："薰衣草是普罗旺斯的美丽衣裳，葡萄酒才是普罗旺斯的血液。"戈尔德是吕贝隆山区一众小镇村落中地势最高的，又被称为天空之城。依山势而建的古老小镇，其历史可追溯至高卢罗马时代。米灰色房屋错落有致，石头铺就的小径蜿蜒起伏。晨曦日暮，小镇沐浴在暖金色的光中，遥遥望去仿佛童话中的魔幻之城。距戈尔德不远是有着"最美修道院"之称的塞南克修道院，最宜在薰衣草盛开的时节前往探访。静静的山谷中大片浪漫的蓝紫色簇拥着庄严肃穆的修道院，随手一拍就是明信片。这里是《山居岁月》一书的故事背景，也是琼瑶剧《又见一帘幽梦》的取景地。修道院礼品店可以买到那里生产的蜂蜜和薰衣草精华，而僧侣们仍遵循千百年来的教规过着清简的生活，精心培育着美丽的薰衣草田。红土城是凡·高笔下那一抹浓烈色彩的由来。当地唾手可得富含赭石的土壤经过加工便成为饱和度极高的颜料，凡·高、高更都格外偏爱这里出产的颜料。如今这门利用赭石制作天然颜料的传统手艺虽然日渐凋零，但还是能在当地的小店铺买到。这座建于山崖之上的小城仿若上帝打翻的调色板，热烈的红、鲜亮的橙、明艳的黄、柔和的粉……在普罗旺斯纯净的蓝天下还原成凡·高笔下的一幅画。

4. 布列塔尼的海

布列塔尼半岛地处法国最西边，三面濒临大西洋，与英国隔海相望。这是一个地方风情与民族色彩格外浓厚的地方。迥异于蓝色海岸的喧嚣热烈，布列塔尼的海是静谧的、清凉的。如同奏起凯尔特风笛，古老悠长的乐音在浪涛间回响。无论身处布列塔尼何方，距离海都不会太远。在海风的终年吹拂下，布列塔尼的云总是走得很快，天空总是很低。布列塔尼没有凛冽的冬，也没有炎热的夏。一年四季，空气总是湿湿的，心情便也湿湿的。布列塔尼的一天，不是风雨欲来，便是刚刚雨过天晴。索性不撑伞了，就这样时晴时雨地散散步、观观景，反正也都是蒙蒙细雨。

在高卢与罗马时代，今日的布列塔尼还被称为阿莫利卡。5 世纪日耳曼民族大迁徙时，逃离不列颠岛的康沃尔人带着他们的海岛文化抵达，并开始使用“布列塔尼”这一名字。此后这片土地几次三番归属于法国，而后又独立。二者之间的关系可以说是剪不断，理还乱。后来英国人还嫌情况不够复杂，也加进来搅局。特别是英法百年战争时期，布列塔尼更成为必争之地。1499 年，布列塔尼的安娜女公爵嫁给了法国国王路易十二，这次战略性的通婚宣告布列塔尼失去自治权。但直到 1532 年布列塔尼才正式成为法国的一部分。由于历史原因，布列塔尼有自己的语言，属于印欧语系的凯尔特语族。1499 年出版的布列塔尼语、法语、拉丁语对照词典也成为法国的第一本词典。法国大革命后，法国政府开始压制方言和少数民族语言，其中就包括布列塔尼语。当时还有句宣传口号“不准随地吐痰，也不准讲布列塔尼语”。这项专横政策一直延续至了 20 世纪 60 年代。如今布列塔尼语已濒临消失，只余一些老人会讲，也只有在偏远乡村才能听到。布列塔尼随处可见的黑白两色旗帜设计于 1923 年，亦与法国皇室因循的“金百合花”标识完全不搭边儿。

布列塔尼人的民族服饰格外绚丽多姿。根据不同的村落、出席的场合以及所属的年代可分为几十种装束。想当年不同村落间特爱拿对方的服饰开玩笑找乐子，其中最受伤、外号最多的还得数比古丹妇女的高塔状头饰，又是被称作“大棒糖”，又是被称作“沙丁鱼”“手推车”……时间长河中，布列塔尼人别致的服饰激发了不少艺术家的灵感。那些唯美的蕾丝、精致的刺绣以及优雅的饰带时至今日仍被时装设计师借鉴。就拿标志性的布列塔尼条纹来说，就曾被香奈儿等多位时装设计大师运用到服饰中。布列塔尼条纹原本是当地海军制服，21 条蓝色条纹分别

代表拿破仑的 21 场重大的胜利。奥黛丽·赫本、玛丽莲·梦露都在电影中穿过布列塔尼条纹衫，约翰·列侬、安迪·沃霍尔、毕加索等音乐家和艺术家也曾穿布列塔尼条纹衫留过影。常在设计中使用布列塔尼条纹元素的让·保罗·高提耶说："布列塔尼条纹 T 恤是我对童年的回忆。小时候我的外婆常给我穿布列塔尼条纹上衣，长大后回首往事，眼前便出现了布列塔尼条纹。"可见每个人终其一生都走不出童年的影响，而民族的便是世界的，越传统也就越时尚。

布列塔尼这方土地从来都跟神话传说紧密相连。变幻的自然，纯朴的村落，以及天海相连神秘冷峻的蓝。让我们走进潮湿魔幻的潘蓬森林……这片带有史前人类遗迹的幽密森林以及林中隐秘的静静湖水常出现在法国中世纪的文学作品中。传说亚瑟王派遣其圆桌骑士来寻找被藏匿于此的圣杯，辅佐亚瑟王成就大业的伟大魔法师梅林义不容辞。这梅林到底有多牛呢？ J.K. 罗琳在《哈利·波特》系列中可将他尊为魔法界的老祖宗。他由梦魇与凡间女子结合所生，可变身成小孩、老人甚至动物，简直跟七十二变的孙悟空有一拼啊。梅林能预言，能控制咆哮的大海和人的命运，却控制不了自己爱上湖中仙女薇薇安。梅林将自己魔法力量的秘密告诉了暗藏心机的薇薇安，却遭到她的背叛，将他永远囚禁在了橡树中。被爱囚禁的梅林呼喊："其实我从来不曾疯癫，我只是爱薇薇安胜过爱自由。"对布列塔尼人来说，梅林即是爱神。不少信徒会专程到潘蓬森林探访传说中的梅林墓地，留下爱情信物以祈祷地久天长。从首府雷恩到布雷斯特两座城之间是布列塔尼著名的玫瑰海岸。巨大的暗粉色花岗岩在阳光下反射出星星点点的光。潮起潮落，云卷云舒，浪花拍击着玫瑰海岸。上帝创造这片海岸时心中必有诗意。布列塔尼还是史前巨石的家乡，有的是独立于旷野的巨大石柱，有的则以石阵、石墓、石廊、石堆等形式出现。

世界上最高的石柱和最大的石堆就在布列塔尼。据考古发现，这些巨石皆源自 7000 年前。但出于何种目的而建，建造者为何许人也却成了千古之谜。位于贝加尔、佩代尔内克和卢阿尔加的三根巨石柱恰巧处于一条直线上。其他巨石的排列貌似也与四时节气和太阳方位有关。蓝天下，大地上，它们带着史前的神秘默默伫立，正如这个宇宙中其他的谜。法国作家福楼拜曾称圣马洛为波涛上的石皇冠。这里是世界上潮汐最高的地方，繁星闪闪的夜空下，浪涛简直要拍到城墙里面来。16 世纪那会儿它还是著名的海盗城，因为法国皇室派遣海盗去敌国夺宝，每日都有大量海盗船在圣马洛进出停泊。看上去古色古香的老城其实是重建的，真正的老城已毁于“二战”战火中。厚重的石墙摸上去甚至能摸出些沧桑感来，法国人这做旧的手艺还真不是吹的。圣马洛的海水至为纯净，且富含微量元素和养分。160 年前人们就发现这片海域的富矿海水可治疗鼻炎、哮喘等多种呼吸系统疾病。去圣马洛旅行的话不妨去试试其著名的海水热疗，据说最多的回头客去过 94 次呢。如此高品质的海水孕育出来的海鲜自然也不能错过。在可以观海的餐厅里点上一份汇集虾蚝蚌蜗牛的海鲜拼盘配炸得酥脆的薯条吃，再饮几杯布列塔尼特产的苹果酒和蜂蜜酒。夕阳西下，天边一抹玫瑰晚霞，浪花轻轻追逐着海岸，所有关于圣马洛美人鱼的传说一个个在脑中浮现。据当地人说，只要你的心足够虔诚便可以听到她们的歌声。

5. 冬季到阿尔卑斯山去滑雪

据英国《每日邮报》报道，2015~2016 年冬季全球最受欢迎的滑雪度假胜地中法国的摩津占了首位，第二位则是法国的霞慕尼，二者皆位于阿尔卑斯山。阿尔卑斯山是欧洲最高的山脉，覆盖了意大利北部、法国东南部、瑞士、列支敦士登、奥地利、德国南部以及斯洛文尼亚。其最高峰为勃朗峰，海拔4810米，位于法国、意大利和瑞士交界处。为什么要到阿尔卑斯山滑雪呢？首先，当然是因为它如诗如画的风景。山脚下是绿意盈盈的原野和悠闲吃草的牛羊，可爱的木屋星星点点散落于山坡上。山间一泓清透明澈的湖水，倒映着山影和满天繁星。月沉日升，雄伟峻峭的雪峰云雾缭绕，恍若仙境。就算不为滑雪只为看风景也值得一游。其次，阿尔卑斯山有全世界最长、最多的滑雪道，且因为地势高，滑雪季亦更长，某些冰河区甚至全年都可滑雪。滑雪场设有滑雪学校且教练都是经验丰富、教学专业并掌握多国语言的滑雪高手。在这里还可以买到世界顶级的滑雪装备。玩累了有温暖的小木屋可供休憩。再次，在法国滑雪性价比高，虽然比波兰、保加利亚这些东欧国家贵些，但是跟瑞士、奥地利比就便宜不少。

滑雪是一项富有诗意的冒险运动。从皑皑雪峰俯冲而下的那一秒，身心皆获得风一般的自由。未知的前路与暗藏的危险都抵不过那份心跳加快的兴奋，于是便一次次地向更高难度挑战。挑战自然，更挑战自己。滑雪起源于极度寒冷的斯堪的纳维亚国家。当时为了在冰天雪地的恶劣自然环境下求生存，人们便用皮带将大片的兽骨绑在皮靴底，以便于在莽莽雪原中行动、捕猎。说起来北欧人滑雪瘾还真不小，我们在北欧房车旅行时就深有体会，人家拄着滑雪杖在公路边儿就练起来了。1924年在法国霞慕尼举行的第一届冬季奥运会上，源自北欧的滑雪运动被列入了比赛项目。近年来，滑雪以其独特的魅力与乐趣吸引到越来越多的爱好者。每逢冬季来临，从贵族、明星到普通民众都喜欢到雪山度个滑雪假。按照形式来分滑雪大致可分为阿尔卑斯式、

北欧式和自由式三种。阿尔卑斯式滑雪是沿雪坡滑降，包括直降、横渡、转弯三种基本动作。北欧式滑雪则包括越野滑雪和滑雪跳跃两种。滑雪跳跃技术含量挺高，空中飞人般的一跃，不成功便成仁啦。而越野滑雪则是最为大众化的滑雪方式。至于自由式滑雪，它就相当于一种特技表演，得一边滑雪一边翻跟头什么的。滑雪得先配齐行头装备，一身儿滑雪服外加雪镜、帽子、滑雪手套以及护具必不可少。至于滑雪板、滑雪杖和雪鞋通常都可以在滑雪站租到，初学者可以待摸清了滑雪的门道儿和自己的喜好再买也不迟。双板的地形适应力强，滑雪入门一般都从双板开始，跟婴儿学步差不多，摔摔就会了。至于单板和双板哪个比较帅？这个问题本身就有问题。帅不帅靠的不是板，是技术。这跟衣服好不好看关键看谁穿一个道理，人家超模就算裹个麻袋都时髦。把功夫下到了，技术练精了，单板双板都能行云流水，帅气逼人。

排在全球最受欢迎滑雪地首位的摩津是欧洲最早设立并且设备最好的滑雪度假村。这里面对着勃朗峰，阳光普照，风景卓绝。它还紧挨着瑞士，要是有一副雪上飘的好身手甚至可以踩着滑雪板上瑞士串个门儿。当地降雪量极大，雪质纯净松软，踩上去雪深及膝。滑雪道高达2350米，数十条长短各异的雪道适合不同水平的滑雪者。雪道上每隔一段距离就有家餐厅，滑累了可随时进餐补充体力。度假村中有为数众多的精品店、艺廊、酒吧乃至“米其林”餐厅。酒足饭饱后回到租住的小木屋，靠着壁炉烤烤火。窗外是穿着厚重雪衣的苍松翠柏，手中是冒着热气的咖啡，又是美好的一天。全球排行榜第二位的霞慕尼坐落于勃朗峰脚下，第一届冬季奥运会在此举办后它便成为欧洲的滑雪天堂。每年9月进入雪季，鹅毛大雪漫天纷飞，霞慕尼变身为天然雪场，直到来年4月滑雪季才结束。这里有上百条雪道，总长达100多千米。从初级的绿道、中级的红道直至超难度的黑道，总有一款适合您。滑雪之余，在霞慕尼还可以参观南针峰、蒙特维冰海和勃朗峰三处景区。此外更可以玩一次惊险刺激的空中跳伞，俯瞰勃朗峰，体验飞鸟一般的自由。阿尔卑斯山的拉普拉涅滑雪场也能玩空中跳伞，我跟托马房车旅行时曾在那停留过一个星期。常常雪地里走着走着一抬头，就见五彩缤纷的降落伞悠悠飘过湛蓝的天空。雪地摩托和狗拉雪橇也值得一试。坐着一队萌萌的哈士奇拉的雪橇在金色阳光下飞驰于雪原，会不会有种爱斯基摩人的感觉？度假村中还有当地特色的美味奶酪火锅吃。用细长的叉子把各式火腿和土豆、面包块儿放在汩汩冒泡的奶酪锅中涮一涮热乎乎地吃下。香味浓郁，口感醇厚，还能给身体带来足够抵御严寒的热量，是冬季的理想菜肴。除了上述的三个滑雪度假地外，还有位于南阿尔卑斯山脚下的瓦尔迪塞尔滑雪场、终年积雪的提涅滑雪场等可供选择。阿尔卑斯山的滑雪度假村多如繁星，它被称为“滑雪者的终极梦想”，滑雪爱好者们可一定得来朝朝圣。

最后友情提醒一下，滑雪是一项易发事故的运动，好几位滑雪世界冠军、名将都在训练中受过重伤甚至死亡。“车王”舒马赫在法国滑雪时头部撞到了岩石，受创严重，虽有世界顶级的康复治疗可到现在都三年了还昏迷着。所以滑雪时一定要胆大心细，心神专注同时眼观六路。总之，安全第一。

6. 那些迷人的小乡村

对大部分法国人来说，城市不过是个工作的地方，一有机会他们便会远离繁华的城市回归纯朴的乡村，回归鸟语花香、天高云淡的田园梦中。那里有蓊郁的森林、清澈的小溪，各种动物漫游其间。那里有城堡、教堂，古老的石头上覆着茸茸的青苔。那里有飘香的面包店、热闹的集市和可爱的邻居。那里有诗，有童年。在 2016 年法国“最美村庄”评选中 154 个村庄榜上有名，其中也包括我们村儿 Najac。

我和托马在两年前的秋天偶然来到了 Najac。因为喜欢，所以停留，直至今日。它位于法国南部比利牛斯大区，距图卢兹差不多两小时车程。村中曲径通幽，行至村边却豁然开朗，在那儿可以俯瞰到大片碧绿幽静的森林。小村庄还保留着中世纪的模样。山顶有座古老的城堡，我们住的房子几米之遥还有座 13 世纪的教堂。村中几处喷泉均是由整块巨石雕琢出来的。当年一切现代化工具设备都无，却也限制不住古人的

想象力和创造力，留下数量惊人的建筑、艺术瑰宝。村里还有个迷你图书馆，不时我们也会去借几本书看。图书馆的前身是间古老的面包坊。听村儿里的老人说，20 世纪 30 年代 Najac 曾有五家面包店，如今则只剩一家了。几个世纪前 Najac 曾是一座重要城邦，鼎盛时期拥有 6000 名居民。时移世易，而今村中只生活着几百名居民。清晨我们在教堂悠扬的钟声和清脆的鸟鸣中醒来。推开门，清新的山野气息扑面而来。院中蔷薇开得正好，淡粉花瓣上露珠晶莹。黄昏循着古老悠长的卵石小径散步，见有上了年纪的女子站在敦实朴拙的喷泉旁专心整饬花草。身形清瘦，着一身紫纱衫裤，银发松松绾起。落日余晖下淡淡地站成了一幅画，一道景。若可以这般优雅老去，又何惧岁月脚步匆匆？邂逅了小猫咪咪，我们一路前行，它一路尾随。我们走它也走，我们停它也停。有时它走得累了或是跟不上了就轻轻喵两声，我们便停下来等它。走过长长的山路回到家，我们拿了火腿片和烟熏三文鱼给它，它闻了闻没吃。倒了牛奶给它，这回合它心意了，喝了满满一碗。转天散步又见咪咪，石墙上树影下睡得正酣。日光照耀下我们包里揣了《徒步游览图》和巴黎水就上路了，从白天走到黑夜，一走就是十几公里。归途月影憧憧的森林中不时传来猫头鹰的叫声，他一路讲着女巫和幽灵的故事，比看恐怖电影还练胆儿呢。微风细雨中漫步林间，摘几颗沁凉甘甜挂着雨珠的绿葡萄吃，再采上几朵蘑菇回家煎蛋饼。路过迷你牧场，揪了青草喂小驴，一个个探出毛茸茸的头抢着吃，把人都萌化了。

每当春意渐浓，空气里暗香浮动。村中游客多了起来，休眠了整个冬天的餐馆、店铺重新开门迎客。村人打扫庭院，栽种花草。一群群大蜜蜂在花丛间穿梭忙碌。夏日向晚，远方碧绿的山峦上笼着一层淡淡的红霞。窗外巨大的芭蕉叶轻轻摇曳、窃窃私语，空气中充盈着假日的气息。这样的夏夜与诗、童年及一切有待实现的梦想有关。清爽的风携着蝉鸣穿过敞开的窗钻进古老的石头大屋里，钻进一场不愿醒来的梦里。当秋季来临，栗子落了满地，我们得赶在松鼠搬光它们之前去捡上一些。风这么柔，阳光这么好，人迹罕至的林中遍地皆是大而饱满的栗子，躺在草丛中散发油润的光。我们俩捡了个不亦乐乎。回到家洗净煮软剥皮碾碎，加了白砂糖细火慢熬成香甜的栗子蓉。佐酸奶、冰淇淋或者抹在烤得外酥里嫩的吐司上吃，是一款具有点石成金力量的百搭果酱。

天气转寒，游客渐少，村中一片宁静。我们住的这座三层楼的古老石头房子诗意倒是诗意，只是冬季保暖不易，半米厚的石墙摸着凉沁沁的。除了开足电暖器，我们还加了个功效强大的烧油暖气，同时每天变着法子地做烤箱菜。肚子里塞满大蒜、柠檬、欧芹、茴香的烤鸡，奶酪黄油烤土豆以及各种佐餐、早餐面包。法国南部的春天来得早，2 月底已开满一树树粉红雪白的花。雨夜里院中闯入一只萤火虫，明明暗暗闪着光。艾米莉已在楼上睡了，我们俩站在屋檐下看萤火虫。

154 个“最美村庄”仿佛一颗颗闪亮的星辰散落于法国各地，闲时逐一去探访，保准不会失望而归。比如位于上诺曼底的吉维尼，是莫奈度过生命中最后 43 年的地方。当年一见钟情，他当机立断举家搬迁，一栋粉墙绿窗的两层楼成为画家的居所。莫奈说：“除了园艺和作画，我一无所长。”故居花园中可找到其标志性的睡莲和日本桥，原来莫奈画中的颜色正源于此。去斯特拉斯堡逛圣诞集市时我们顺便去了趟科尔马，它又被称为法国的“小威尼斯”。城内一栋栋五颜六色童话般的木筋屋，花团锦簇，小桥流水，平底船轻轻滑过水面。在贝尔卡斯泰勒时光仿佛倒流回了中世纪。石桥、古堡、青瓦、残雪，不能不承认，

这个我们无意间路过的村落比我们村更有范儿。教堂中有漂亮的复古木椅和别致的陶瓷彩绘头像。它们结着尘埃空茫而诡异的眼神令人想到史蒂芬·金的电影。法国末代皇后玛丽·安托瓦内特曾将凡尔赛宫的一棵树根卖到了这里的刀具店。如今这棵树根还作为文物被保存了下来。看来只要出了名卖什么都有人捧场啊。我喜欢贝尔卡斯泰勒那些中世纪的门，历尽沧桑的古朴之美。

7. 优美剽悍科西嘉

科西嘉岛位于法国本土东南，是仅次于西西里岛、撒丁岛和塞浦路斯岛的地中海第四大岛。因其自然风光旖旎壮阔又得了“美丽岛”的雅号。这里有险峻的悬崖、浪漫的海滩、广袤的荒漠以及美丽的柑橘园、葡萄园和橄榄园。科西嘉岛的名字源于一个动人的传说，当年特洛伊王子科尔与提洛王后的孙女西嘉相爱，二人的名字用意大利语拼读即为“科西嘉”。岛上最早的人类居住历史可追溯至 5000 年前，遗留下来诸多那一时期的巨大石柱、石墓、石碑。有案可查的文字记载则始于公元前 560 年左右希腊人在此筑造阿拉利亚镇。公元前 3 世纪初迦太基人统治了科西嘉，连年征战后又被罗马人给抢走了。13 世纪到 15 世纪科西嘉被比萨、热那亚、阿拉贡等几个国家争来夺去，直到 1769 年法国将它强行并入了版图。若不是因为一个人，科西嘉岛不会如此世人皆知，或许它仍孤独地停留在大多数人的想象之外，兀自美丽而荒凉。那个人是拿破仑·波拿巴。

热那亚人的腐朽统治导致叛乱发生，岛上局势动荡不安。1755 年民族主义领袖保利建立了科西嘉共和国，并制定宪法、建立海军、成立大学，全力振兴岛屿。谁料 1768 年 5 月 15 日，被挫败的热那亚与法国签订秘密协议将科西嘉岛卖给了法国。岛上居民从此在保利的指挥下展开了反抗法国入侵者的战斗，拿破仑的父母也在其中。无奈这场寡不敌众的保卫战不久便以失败告终，1769 年春包括拿破仑父母在内的岛上居民顺从了法国的统治，加入法国国籍。就在这一年，拿破仑出生了。他自幼聪颖好学又坚韧果敢，将保利视为偶像，梦想有朝一日解放科西嘉。他曾说过这样的话："我永远不能原谅我的父亲，他当过保利的副官却同意科西嘉并入法国。他应该同保利共命运，随同他倒下。"拿破仑十岁时进入法国布里埃纳军校学习。一开始因为身材矮小又来自偏远的科西嘉他没少受同学欺负，不过很快他便凭着学霸的实力和一股绝不服输的狠劲儿把那些欺负他的人都给征服了。以优异成绩从布里埃纳军校毕业后，拿破仑被选送到巴黎军官学校，十六岁便成为炮兵少尉。法国大革命爆发后，他回到故乡希望可以借机推动科西嘉独立。这时他却与从英国流亡归来的保利在革命理想上产生了严重分歧，最终二人彻底决裂。保利洗劫了波拿巴一家，拿破仑历尽险阻带领家人逃离科西嘉。面对远逝的家园与破碎的梦想，青年拿破仑是否料到他离开了科西嘉，却迈向了整个法国乃至全欧洲？在古老的渔港阿雅克肖，处处皆烙刻着拿破仑的印记，这是他出生的地方。故居是一栋黄墙绿窗的楼房，窗外芭蕉环绕。拿破仑雕像、拿破仑纪念碑，甚至一条路、一间咖啡馆都要以"拿破仑"来命名。城内有长长的海滨路，闹市中就有琉璃般的海。

斑驳的小巷、卖鱼老翁以及浓浓的市井生活气息令人倍感亲切。当年拿破仑进军巴黎时，一家报纸在几天内所用的标题是这么变化的——第一天："科西嘉怪物在儒安港登陆。"第二天："吃人的魔鬼向格拉斯前进。"第三天："篡位者进入格勒诺布尔。"第四天："波拿巴占领里昂。"第五天："拿破仑接近枫丹白露。"第六天："陛下将于今日抵达自己忠实的巴黎。"世事更迭如潮涨潮落，唯有那远古吹来的海风一刻未曾停歇。

科西嘉岛上的另一位大名鼎鼎的人物是发现了美洲大陆的哥伦布。原来哥伦布跟拿破仑是老乡。哥伦布出生于岛上西北沿岸的卡尔维。小城三面环山，一面向海，风景如画。在当地海边的户外店可以租到越野车、摩托车、自行车以及帆船，还可以出海深潜。如水夜色中登高远眺，海湾全景尽收眼底。繁星满天，且听风吟。博尼法乔位于科西嘉岛的最南端，是一座矗立于高险岬角上的古城。长年的水侵风蚀又给予了它独特的岩溶风貌。日出东方，海上光芒万丈，悬崖上生出一簇簇清新的小蜡菊。小城周边古迹遍地，值得一探究竟。此外，科西嘉岛上的GR20是欧洲最难也最美的徒步路线，徒步旅行爱好者不妨挑战下！说起来，还有哪比优美剽悍的科西嘉更适合户外运动的?

因为科西嘉岛"海上山脉"的独特地形，岛民具有山民和渔民两种饮食习惯，也就是说岛上的大厨烹调肉类和海鲜的手艺都相当不错。到此旅行的话首先不能错过的便是用科西嘉山地散养的猪的猪肉手工制作的香肠。这些猪可是打小吃着栗子、橡子和新鲜植物长大的，制成的香肠有种独特的香味，油而不腻，肉质紧实有嚼劲儿。布罗丘奶酪是科西嘉岛的标志性美食，由山羊或绵羊奶乳清制成。其口感温润，带有强烈的乳香。制成的奶酪得趁着新鲜吃，既可以搭配果酱当早餐，又可以加入煎蛋饼、肉馅卷中作配料，还可以混合橙皮和柠檬做奶酪蛋糕。享用时再配上杯来自拿破仑家乡阿雅克肖的葡萄酒，窗外海天一色，可谓酒不醉人人自醉。

8. 原始动人塔希提

塔希提是位于南太平洋的法属波利尼西亚群岛中最大的一个，也是群岛的政治经济中心，于是人们便习惯以塔希提来称呼整个群岛了。这里阳光明媚，四季如春，一派绮丽的热带风光。沙滩细白如雪，海水从清亮到深幽呈现不同的蓝。岛上繁花似锦，绿草如茵，处处是成林的椰子树、面包树、芒果树、凤梨树……整个岛屿香气弥漫。岛上的生活仿佛云上的日子，时间也放慢了脚步。这里是地球上仅存的世外桃源，是最接近天堂的地方。

在 100~300 万年前，海底火山熔岩形成今日的波利尼西亚群岛。不过直到很晚才有人类踏足这片土地，这里和新西兰是地球上最晚有人类居住的陆地。1767 年，一位英国上尉成为发现塔希提的第一个欧洲人，转年正进行第一个环球航行的法国探险家布干维尔也发现了它。布干维尔回欧洲后将塔希提描述为有着“高尚的野蛮人”与“维纳斯般女人”共同生活的人间天堂。这个伊甸园般的神秘岛屿在欧洲声名鹊起，吸引了大批艺术家万里迢迢地前往一探究竟。在葡萄牙人、英国人和法国人旷日持久的争夺之后，1880 年塔希提沦为法国的殖民地，并于 1946 年成为法国的海外领地。

塔希提的原住民据说是从公元 400 年就已在岛上生活的波利尼西亚人。而波利尼西亚人是从何方迁徙而来的则是个谜。挪威探险家索尔 · 海尔达尔曾宣称他们来自南美洲，科学家们对基因进行研究后又推测波利尼西亚人的祖先或许由台湾岛迁徙而来。赤道的阳光与太平洋的海风赋予了塔希提人健康的体魄和明朗的笑容。时光荏苒，那些穿着花裙的塔希提女子却像刚刚从高更色彩斑斓的画中走出来一般，带着这片土地的纯朴与灵气。她们不施脂粉，只把庭院里的花随手采一朵戴在头上，坦坦荡荡地显露着身上代表家族历史的文身。高更评价塔希提女子说：“她们大大方方地看着你，充满尊严，毫不胆怯，她们慷慨好客……”

在经历了 63 天的漫长海上旅行后高更抵达了梦想中的岛屿。塔希提的森林、海风与野性天真的土著女子激发了这位后印象派大师的灵感。他干脆定居于此，创作出一幅幅姿态各异的“塔希提女人”。他在《高更艺术书简》中提到去塔希提的初衷：“我离开是为了寻找宁静，摆脱文明的影响。我只想创造简单、非常简单的艺术。为了达到这个目

的，我必须回归到未受污染的大自然中。只看野蛮的事物，像他们一样过日子。像小孩一般传达我心灵的感受，使用唯一正确而真实的原始表达方式。”在塔希提岛，高更花 6 个星期时间打造了一座两层楼的“欢愉小屋”，作为创作和起居之所。他还娶了年仅十几岁的土著女子为妻，她便也顺理成章地出现在他的画中。他的画风开始转变，涤尽一切雕饰，笔法如脚下的土地般奔放自然。这片与其灵魂相契的土地最终也成了他的长眠之所，墓园中芬芳隽永的鸡蛋花常开不谢，当地人又把它称为高更花。而高更曾经的“欢愉小屋”如今已成为高更博物馆。

到塔希提有两个小岛不可不游，一个是被称为“世界上最美丽的岛屿”的波拉波拉岛，一个是被称为“梦幻之岛”的茉莉雅岛。波拉波拉岛的名字在塔希提语中意为“最先出世”，传说这个神秘小岛是大洪水后第一块露出水面的地方，很久很久以前它曾被称为“上帝之作”。在波拉波拉岛可以住在有玻璃地板的水上草屋，看五彩缤纷的鱼群在脚下追逐嬉戏。清晨会有划着独木舟的波利尼西亚人送来早餐，在海天一色的梦幻碧蓝中慢慢享用。这里最有趣的娱乐活动是喂鲨鱼和魔鬼鱼。兴之所至还可乘玻璃底的小船出海，去探访美丽的海底珊瑚。波拉波拉岛是世界级的知名潜点，从岸边滑入绿松石般的水中即可观赏到 500 种以上的海洋生物。每年 8~10 月是座头鲸迁徙至波拉波拉岛的季节，趁此时机来潜水便有可能邂逅这些庞大温顺的海洋生物。玩得倦了就去做一个塔希提独特花草配方的 SPA，让身心彻底放松下来。夜幕降临时可以去看当地土著热情欢快的草裙舞，为充实又诗意的一天画上个完美句点。要知道塔希提是草裙舞的发源地，后来才传去了夏威夷。与波拉波拉岛相比，茉莉雅岛更多了几分野性本真。在那里除了可以与海豚共游，还可以驾驶越野车去原始丛林中探险，一路尽享绝美风光。

塔希提的美食混合了波利尼西亚与法国两种文化。早餐通常是当地特有的椰子面包、凤梨汁以及琳琅满目的热带水果。柠檬生鱼沙拉是当地名菜，猪肉椰奶则是经典配菜。丰盛美味的海鲜以及土窑中烹制的传统塔希提饭菜都会令游客不虚此行。

被称为“月亮的甘露”的黑珍珠是塔希提的特产，由珍贵的黑蝶贝孕育而出。它虽被称为黑珍珠，其实却在或深或浅的灰调中变幻出海绿、紫红、银灰、碧蓝等色彩。塔希提的女子人人都有自己的黑珍珠首饰，配上她们比阳光还要灿烂的笑容，无论年纪，个个都显得那么迷人。塔希提还生长着热带水果皇后诺丽果。其果实中空，可以漂浮于水面，利用海潮传播种子。诺丽果的营养成分高达150多种，具有天然的医疗和保健功效，被当地人视为上帝恩赐的礼物。简直可以跟传说中的人参果媲美了。若去塔希提旅行可一定得尝尝。

当年马龙·白兰度在塔希提拍完《叛舰喋血记》就买个小岛退休了，还娶了个塔希提女郎。去塔希提旅行可得当心，这是个一旦去了便会流连忘返的地方。而到了不得不离开塔希提的那一秒竟有种从天堂跌回人间的失落。徐霞客曾感叹“黄山归来不看岳”，去过塔希提后对别的海岛便兴味索然了。

FRANCE
NON-PRETENTIOUS
GUIDE

第七章

法国人吃什么

1. 酒杯里的法国

法国文艺男青年波德莱尔曾说："每个人都应该经常沉醉，沉醉于葡萄酒，沉醉于诗歌，沉醉于美德。无论沉醉于什么，只要沉醉就好。"这真是我听过的为喝酒所找的最佳借口了。法国人的确热爱葡萄酒，事实上，世界上大多数人都热爱葡萄酒。让我们来听听这些对葡萄酒的溢美之词。美国作家艾琳·摩根斯顿说："葡萄酒是装在瓶子里的浪漫诗篇。"确实，听说不少艺术家都是喝高了以后才创作的。美国小说家乔治·R. R. 马丁说："葡萄酒让一切皆有可能。"您确定是葡萄酒不是"耐克"？海明威说："我今生唯一的遗憾就是不能享用更多的葡萄酒。"瞧您谦虚的，您喝得已经不少啦！英国小说家戴维·赫伯特·劳伦斯说："如果我们喝点葡萄酒，我们就能从茫茫黑夜中看到梦想的星光。"显然喝高了，视线都模糊了。马丁·路德说："啤酒是人酿造出来的，而葡萄酒是神酿造出来的。"这话听上去像脑残粉说的，不过倒是跟法国的葡萄酒酿造史有些关联。过往的几个世纪里，在法国负责酿造葡萄酒的都是修道院的僧侣。红酒被视为上帝之血的象征在教堂中饮用。发明了"巴氏灭菌法"的法国微生物学家路易·巴斯德另一项伟大的成就是解决了历史上葡萄酒容易变酸的难题，他亦因此被尊称为现代葡萄酒酿造鼻祖。巴斯德认为"一瓶葡萄酒包含着比世界上所有书本更多的哲学"。

他创办的葡萄酒研究所如今已成为葡萄酒科学界的最高学府——波尔多第二大学葡萄酒学院。在巴斯德“葡萄酒是最卫生最健康的饮料”精神指导下，葡萄酒曾作为军事补给出现在法国士兵的每日餐单上。不过轮到托马参军时已经没有这项福利了。张爱玲对此做出过精辟的总结：“我觉得一切的繁华热闹都已经成了过去，我没有份了。”

作为历史悠久的著名葡萄酒产地，法国不仅酿造了全世界种类最多的葡萄酒，而且出产了无数世界顶级葡萄酒。法国人还专门为葡萄酒立了法，郑重其事地分为了法定产区葡萄酒（AOC）、优良地区餐酒、地区餐酒和日常餐酒四个等级。葡萄酒种类繁多，风格各异，不过主要的生产工艺和成分大致相同。依照颜色，可分为红葡萄酒、粉红葡萄酒和白葡萄酒三类；依照含二氧化碳压力，可分为平静葡萄酒、起泡葡萄酒和加气起泡葡萄酒三类；依照含糖量，平静葡萄酒可分为干葡萄酒、半干葡萄酒、半甜葡萄酒和甜葡萄酒四类，起泡葡萄酒可分为天然起泡葡萄酒、绝干起泡葡萄酒、干起泡葡萄酒、半干起泡葡萄酒和甜起泡葡萄酒五类；依照酿造方式，可分为天然葡萄酒和特种葡萄酒两类，其中特种葡萄酒又可细分为利口葡萄酒、加香葡萄酒、冰葡萄酒和贵腐葡萄酒四类；依照饮用方式，可分为开胃葡萄酒、佐餐葡萄酒和待散葡萄酒三类。

将葡萄酒的分类熟稔于心还不够，能读懂酒标也很重要。葡萄酒的酒标如同人的简历，能透露出不少信息。法国的葡萄酒酒标通常包含装瓶地点、酒庄名称、葡萄酒类型、酒庄商标、年份、列级信息、产区、法定产区名称、酒精含量、生产商及容量等信息。不少人认为只要看酒标就知道葡萄酒的味道了。对于这种想法，作家乔什·斯特恩回答得好："葡萄酒中自有真理，只是酒标上从来不会把其中的真理标示出来。"葡萄酒这门学问博大精深，识酒标算是万里长征第一步吧。

跟中医讲究"望闻问切"一样，品葡萄酒讲究的是"看摇闻品"四步。看——将酒倒于高脚杯中，看其色泽；摇——顺时针轻摇酒杯，令酒与空气均匀接触以唤醒酒香；闻——鼻子凑到杯口，停顿几秒，闻酒香，最好再配合专注的神情与微皱的眉头；品——小口啜饮，感知其味道与酸涩度。去法国酒庄参加品酒大会的话，最后还得再加上"吐"这一步骤。将酒送入口中，同时 45 度角仰望天空，吸一口气，让空气在口中与酒相遇，再令酒接触到口腔的每个角落，最后一步，把酒吐到水盂里。把吃到嘴里的美味吐出去这简直违背人的天性啊！可是很遗憾，传统如此。况且要是把品过的每一杯酒都喝下肚的话，到了最后怎么站着走出酒庄呢?

2. 每天一款新奶酪

关于法国究竟有多少种奶酪一直众说纷纭，有说四百多种的，还有说超过一千种的。在法国各个地区都有其标志性奶酪，那些分布于全国各地成千上万的农场也制作着自己的奶酪。统计出一个确切的官方数字存在不小的难度。不过可以确定的是做到一年 365 天每天不重样是没有问题的。奶酪的原材料既可以是牛奶，也可以是山羊奶或绵羊奶；质地上从坚硬到松脆到黏稠绵软接近液体的应有尽有；气味上既有带着轻微奶香的，又有跟臭豆腐不相伯仲的；制作方法或者是未煮熟的，或者是经过葡萄酒的头号粉丝巴斯德发明的“巴氏灭菌法”灭菌的；调料上有的加虾夷葱，有的加辣椒，有的加核桃……法国每年的人均奶酪消耗量超过 20 千克。法国人如此热爱奶酪，常把“奶酪是种有生命的食物”挂在嘴边儿。大概他们指的是奶酪皮上的白霉菌吧。有的奶酪生命力更顽强些，加入了剽悍的青霉菌。还有的奶酪生命力强大到都爬起来了，那就是科西嘉岛上特产的肉虫子奶酪。这简直就是卧底在奶酪中的恐怖分子啊！很难想象居然有人爱吃这种蠕动着无数肉虫子的奶酪，它应该去的地方不是垃圾桶吗？

奶酪的起源可以追溯至新石器时代，也就是距今 9000 年前。人类开始驯养山羊、骆驼和驯鹿，并享用它们产出的奶。不过当时制作奶酪的工艺可是高度机密，在古埃及只有教士们掌握着这个秘密。到了中世纪，欧洲的僧侣发明了奶酪熟成技术。在汝拉山脉和阿尔卑斯山脉一些村民团体获得自由，开始制作大型奶酪。19 世纪巴氏灭菌法发明后，奶酪才开始工业化生产。奶酪的制作大致要经过挤奶、灭菌、凝固、制模、沥干、盐渍和成熟几个步骤。法国在奶酪熟成方面有着独一无二、古老相传的传统。想当初奶酪不过是为了应对牛奶稀缺而发明的保存奶类方法。如今奶酪则不仅能满足人们的口腹之欲，还成了一种民族文化。

奶酪的吃法多种多样。可以切碎了拌沙拉；切片儿夹三明治；奶酪焗土豆、火腿、意面等；化成奶酪浓汤做奶酪火锅；当然还可以直接食用。吃不同的奶酪得搭配不同的葡萄酒。硬质未熟奶酪比如康塔尔奶酪，其保存时间较长，口感温和，一般人都能接受，吃时最宜搭配清淡的葡萄酒；硬质熟奶酪比如孔泰奶酪，带有浓郁的坚果香，可搭配汝拉当地的霞多丽红酒食用；蓝纹奶酪质地扎实而易碎，前味辛辣，后味回甘，宜搭配甜味白葡萄酒；山羊奶酪口感细腻，带着点微酸，可搭配粉红葡萄酒食用；花皮软质奶酪比如卡蒙贝尔奶酪，有着天鹅绒般的白色外皮，绵软如新鲜蛋糕，是法国十大奶酪之首，没有比诺曼底的干型苹果酒更适合它的了；水洗软质奶酪如利瓦若奶酪，经过频繁的盐水洗刷表皮变为橙色，味道辛辣，适合搭配阿尔萨斯灰皮诺葡萄酒；至于新鲜的无皮奶酪如“小瑞士”，质地柔软，口味酸甜，则可搭配果酱、栗子蓉或撒上粗粒砂糖吃。

3. 餐桌上的黑钻石

黑松露也称块菌，是一种生长于地下的野生食用真菌。外表黑不溜秋、崎岖不平，气味颇有些难以形容，有的说像蜂蜜，有的说像臭鸡蛋，甚至还有的说像多年没洗的床单。就凭这种气味怎么还令人们趋之若鹜，将其誉为餐桌上的黑钻石，且与鹅肝、鱼子酱并列为世界三大珍肴呢？原因在于，黑松露对菜肴有着点石成金的魔力，只需几克便会令一道菜散发浓烈馥郁的奇香。

黑松露对生长环境极为挑剔，但凡阳光、水分或土壤酸碱值稍微变化便无法生长。地球上只有阿尔卑斯山脉与中国云南腹地生长着黑松露，品质最佳的则产自法国西南小城佩里格。黑松露生长周期只有一年。5 月菌丝变大缓缓长成小松露，8 月雨季来临生长开始加速，待寒风来袭黑松露亦停止生长，成熟变黑并释放出独特香气。品尝松露的美好季节终于来临了！

采松露在每年 11 月至次年 3 月，采松露的人被称为松露猎人。自古以来有本事找到松露的只有三样生物——猪、狗及苍蝇。猪的嗅觉极为灵敏，松露散发的独特气味恰巧与公猪唾液中的费洛蒙相近，法国人便将母猪训练成了搜寻松露的得力助手。不过母猪也知道松露好吃，松露猎人手慢没拦住的话那拱出来的松露可就落到猪嘴里了。说起来二者之间的关系算是亦敌亦友。也正因此，待松露猎人的得力助手长大成猪之时便也是它下岗之日。那会儿凭借它灵巧的身手和庞大的身躯，松露猎人哪是对手？虽然猎犬在搜寻松露的天分上并非最高，但它忠实可靠，也不像猪那么懒。采松露的前夜通常会让猎犬饿肚子，转天清晨它便会为了赢得食物奖励而格外卖力地找松露。苍蝇也特别钟爱松露的气味，大群苍蝇围绕之处往往就隐藏着松露。上好的松露应紧实，手感重。须与它自带的泥土一起才能长时间保存，否则短短几天便不可食用了。

目前世界上发现的最大的黑松露是在佩里格找到的，重达 1.3 千克。由于无法人工培植，再加上过度开采，黑松露的产量连年下降，价格则水涨船高，真是贵得能让人背过气去。买松露得去专门的松露集市，普罗旺斯古城里什朗什是欧洲最大的黑松露集市。11 月底至 3 月初的每周六都会在有时候恰如其名的米斯特拉尔风大道上举行露天松露集市。松露批发处，没有喧嚣，只有窃窃私语。胳膊下夹着松露口袋的卖家钻进买家的汽车里秘密交易，搞得比特工还神秘。一旁的松露零售摊位上则不仅出售黑松露，还有松露油、开胃小食等各种松露制品，甚至还有带着松露菌根的小橡树苗卖。除了松露集市，里什朗什的教堂还举办一年一度的松露礼拜。这个神圣的礼拜赞美的是松露守护圣徒，感谢他的看护令松露如此芳香美味。原来还存在松露守护圣徒这一职位，听上去可比弼马温好多了。来参加礼拜者得自带一块松露捐献，募捐所得的松露将于礼拜结束后进行拍卖，拍卖所得用于慈善或教会事业。当然，为了感谢这些虔诚的吃货，礼拜之后还有一顿丰盛的松露午餐供应。人还是得有信仰啊！

科学研究显示黑松露富含蛋白质、18 种氨基酸、不饱和脂肪酸以及多种维生素、微量元素，营养价值极高。常食黑松露可以提高人体免疫力、抗疲劳、抗衰老……有百益而无一害。黑松露既可生食又可熟食。用特殊的切片器将黑松露薄薄切片，拌入沙拉里或撒在意面上，口感爽脆且带有浓醇的坚果香。在法国最常见的熟食方式是将黑松露掺入鹅肝酱或者切成小丁混入蛋液做松露煎蛋饼。有了黑松露的加持菜肴顿时便高级起来了，品尝间仿佛徜徉在阳光下的蓊郁森林。

4. 残酷美味鹅肝酱

跟黑松露一样，法国鹅肝酱也是珍稀名贵的美味。其制作原料是被过分喂饲的鹅或者鸭取出的高脂肪肝脏。好像光是听听都要得“三高症”了。世界就是这么残酷，美味往往不健康，健康食品又往往不美味。而当那柔滑细腻、脂香浓郁的鹅肝入口，谁还会去计较它有多少卡路里呢。

2000 多年前罗马人就发现鹅肝是种美味佳肴了，搭配着无花果食用，据说恺撒大帝就好这口。传到法国之后，阿尔萨斯和西南地区开始用鹅肝制作肉冻和肉酱，抹在面包上吃，既简单又美味。后来鹅肝被进贡至宫廷献给了路易十六，国王吃着挺顺口，鹅肝这才声名鹊起，从此大受追捧。看来不管古今中外，什么东西只要跟皇室沾上点儿边立马就身价倍增了。1870 年在斯特拉斯堡，一名点心师把鹅肝裹在面团里烹调，从此揭开了法式鹅肝菜的序幕。跟黑松露一样，法国最有名的鹅肝产地也是佩里格。前两年我跟托马偶然来到佩里格并旅居了 4 个月，得以尽享美味的鹅肝和黑松露，难道是冥冥之中有食神指引？

鹅肝酱虽然美味，却一直遭到动物保护组织的强烈反对，原因是生产鹅肝的过程太过残忍。传统的填喂方式是用一支 20~30 厘米的细钢管经由食道直插胃部，每天 10 多公斤的玉米、谷物混合饲料就这么填塞到成年鹅、鸭的胃中。还来不及消化又是下一顿，时间长达 4 周，直到肝脏被撑大为正常肝脏 6~10 倍的“脂肪肝”才大功告成。同时为了保证鹅肝丰腴细嫩的口感，饲主还要尽量减少饲料中的钙含量。缺钙的鹅、鸭患上软骨症，在笼中动弹不得，更有利于增重。若知晓鹅、鸭受过这般虐待，谁还有心思享受美味的鹅肝酱呢。所幸这种不人道的饲养方式已受到法律约束，目前是在保证正常饲养的前提下将饲料更换为利于鹅、鸭脂肪肝形成的品种。

新鲜鹅肝越肥越好，烹调时宜用甜的食材中和一下，比如加入柳橙酱或草莓酱来煎。饮酒的话也宜搭配法国苏代白葡萄酒或波特酒这类甜酒，高脂肪配高糖，美味至极。鹅肝酱切片作前菜也宜搭配果酱或是新鲜的无花果食用。当然了顶级的吃法还得说将精选的佩里格黑松露加入上等鹅肝酱中。旅居佩里格时我跟托马就在当地厨神家里吃过他私房秘制的黑松露鹅肝酱。切上厚厚一片配着粗麦吐司吃，不由感叹“此味只应天上有，人间能有几回尝”。

5. 百搭可丽饼

风靡世界的可丽饼起源于法国的布列塔尼。当地气候寒冷且有海风侵袭，不适合任何作物生长。直至 12 世纪成功种植出了荞麦，被布列塔尼人摊成薄薄的煎饼果腹，自此才远离了饥寒交迫的窘境。这救命的薄饼渐渐演变为当地的主食，如今更成为布列塔尼地区标志性的传统美食。

可丽饼分甜、咸两种。甜口的可丽饼以细致柔软的小麦面粉为原

料，再加上牛奶、鸡蛋、黄油和一点点盐，喜欢的话还可以倒点朗姆酒。咸口的可丽饼选用质感粗粝的荞麦粉为原料，摊出来的薄饼也更耐嚼顶饱。平底锅或烧热的铁板上倒了调好的面糊，均匀摊开，煎成脆而不焦的薄饼。圆圆的薄饼中央放好配料后再将边缘折起，上桌时仿佛一只装满了美味的大信封。一餐中通常先点份咸口的，大张的薄饼配上火腿、奶酪、蘑菇等物。吃完了再点份甜口的，是薄饼配上巧克力、酒酿苹果、冰淇淋什么的。此外还有种火焰可丽饼，算是升级版的甜口可丽饼吧。经典的火焰可丽饼搭配有香橙片配柑曼怡酒；巧克力、葡萄干配朗姆酒；香草冰淇淋配君度酒以及苹果配苹果白兰地等。包裹着甜蜜内馅的可丽饼被浇上酒点燃，眼前闪动着绚丽的火光，空气中蒸腾着醉人的酒香，堪称一场色香味形的盛宴。

正如红酒之于牛肉，白葡萄酒之于海鲜，吃可丽饼得搭配着当地特产的苹果酒才算完美。酿制苹果酒在法国已有八百多年历史了，最有名的产区就在诺曼底和布列塔尼。要酿出上好的苹果酒可不能用直接从树上采摘的果子，得待苹果熟透落在地上再静置几天，捡来后遵循传统工艺，经清洗、碾碎、榨汁、发酵、过滤、二次发酵等多道工序制成。清新爽口、甘甜芬芳的苹果酒加上或甜或咸变化万千的可丽饼就是布列塔尼的美食标配。

法国的可丽饼餐厅遍地开花，集市上也有现摊现卖的可丽饼摊子，巴黎还有著名的可丽饼一条街。法国妈妈都有一手摊可丽饼的好手艺，隔三岔五就会摊上厚厚一摞可丽饼全家共享。每年 2 月 2 日的圣蜡节法国人有吃可丽饼的传统，如今这一宗教节日已演变成名副其实的可丽饼节了。法国人的习俗是左手捏金币，右手接住抛起落下的可丽饼，说这样可以招财运。这个说法其实挺有逻辑，能有金币捏在手中的，估计人家财运已经不错了。

6. 奇葩蜗牛节

蜗牛是一种非常有意思的生物，作为“慢”的代言人，它竟然还是雌雄同体。平日里也不知蜗牛们埋伏在哪，轻易见不着它们的倩影。不过一下雨它们就都溜达出来了，石阶上、草丛边成群结队。我们住所周围的蜗牛不少，总在夜里偷偷摸摸出来啃花草。我们倒也没惩罚它们，生在法国对蜗牛来说已经够不幸了，一不留神就成了人类的盘中餐，还是得饶蜗牛处且饶蜗牛吧。

考古发现，人类自史前时代便开始食用蜗牛了。古罗马人将蜗牛视为贵族食物。现如今的法国人也将蜗牛当成时髦的菜肴，逢年过节的家宴上总有道蜗牛冷盘。在多尔多涅省的小村子里人们甚至还举办一年一度的蜗牛节。当天村民与来自世界各地的蜗牛爱好者以大啖蜗牛盛宴，配以各种葡萄酒及音乐、集市等来欢庆这一奇葩节日。统计数据显示，法国人每年要吃掉六万吨蜗牛肉，相当于 30 万吨带壳蜗牛。真是个令法国蜗牛倒吸一口冷气的惊人数字。法国人常吃的蜗牛包括小灰和勃艮第两种。小灰蜗牛个头儿小，肉不多，常跟胡萝卜一起炖着吃。大个儿的勃艮第蜗牛则是餐桌上最常见的一种，既可以做冷盘，又可以配上黄油、蒜蓉、欧芹焗烤了吃，还可以做成蜗牛浓汤、蜗牛肉烤比萨……对于吃一顿饭要在餐桌摆上好几套不同刀叉的法国人来说，吃蜗牛当然也得有专门的工具。吃时一只手用蜗牛钳子夹住壳，另一只手持小叉子挑出肉。吃蜗牛宜搭配温和清爽的酒，如此才能激发和平衡蜗牛的浓郁鲜美。还有什么能比勃艮第本地产的黑皮诺和霞多丽葡萄酒更适合搭配勃艮第蜗牛的？简直与“原汤化原食”有异曲同工之妙。

著名葡萄酒产区勃艮第是法国食用蜗牛的开山鼻祖，当地的勃艮第蜗牛从小吃着葡萄叶长大，自带一股甜味。人工饲养蜗牛主要给它们蔬菜、水果和加钙面粉吃，到了最后阶段则只给它们面粉吃，为的是让蜗牛肉质厚实、口味鲜甜，不然的话会略微发苦。森林中捕获的野生蜗牛吃前要先置于意面上断食三日，排尽体内污物。就像喜欢去森林中采蘑菇一样，法国人也喜欢亲手捕捉蜗牛烹调。童年时每到雨天托马都会去捉蜗牛，随手捡捡就是一大袋子，拿回家交由妈妈做成菜，是大自然馈赠的丰盈鲜美的一餐。不出所料法国果然也有与蜗牛相关的法律，去野外捕捉蜗牛的话得给自己提个醒。首先捕捉的蜗牛须大于三厘米，其次每年 4 月 1 日至 6 月 30 日属于勃艮第蜗牛的繁殖期，在此期间捕捉蜗牛的话可就侵犯蜗牛的合法权益了。小灰蜗牛则全年皆可捕捉。

7. 每日一法棍

法国人一天都离不开法棍面包，以至于发明了自动法棍面包售卖机这样东西。在法国人眼里，没有法棍的一餐是不完满的。新出炉的法棍切片抹上黄油、果酱，就是简单美味的早餐；法棍对半剖开，抹上黄油再夹上火腿、奶酪就是方便快捷的上班族午餐；到了晚餐时光，更可以用万能的法棍佐汤、佐沙拉、佐各种菜肴。在法国每年消耗的350 吨面包中，法棍就占了 65%，被法国人称为“面包之王”也算实至名归。

说起来老百姓有没有法棍吃，吃得开不开心，可是直接关系到国计民生的大事，针对蜗牛都设立了相关法律的法国怎么可能没有面包法呢？果然，法律不仅规定法棍面包的原料只能包括面粉、酵母、盐和水四种，还规定法棍直径不能小于七厘米且只能在面包上划单数切口，甚至连最低售价都有标准。原料越是简单，就越考验面包师傅的手艺。细节上有一丝偏差便“失之毫厘，谬以千里”。就连世界顶级面包师 MOF

级大师考试都将法棍列为必考科目之一。根据法国著名烘焙师雷蒙德·卡维尔的方子，做出一只好法棍的秘密在于——首先和出来的面团要软而黏；其次要将面团置于凉爽处慢慢发酵，并且要发酵两次，令面团充分成熟，涨到之前的三倍大；再次所选面粉的筋性和面包塑形的步骤也至关重要。法棍送入烤炉前在面团表皮斜着划几刀，破开表面的筋性膜，造成部分面团鼓出脆皮的美观效果。

一个上好的法棍面包外皮金黄酥脆，内里乳白松软，既有嚼劲儿又不会累得人腮帮子疼。法棍得去遍布大街小巷的私人烘焙面包店买的才好吃，远远便有现烤面包的香气飘来。这些小面包店从和面到烘焙到销售全部亲力亲为，面包师傅若没有一手做法棍的好技术压根儿没法在江湖上立足。相比之下，工厂用冰冻面团制作出来的法棍外皮既不酥脆，还软绵绵的没有嚼劲儿，连那份迷人的麦香也欠奉。法棍是一两百年前从巴黎开始流行的，虽然历史不算长，却跟埃菲尔铁塔一样成了法国印象的一部分。捧着牛皮纸裹着的法棍走在巴黎街头，自己都觉得两腋生风，好像走进了电影场景中。人家法国怎么连面包都这么浪漫呢？拎着几根油条时不知为何就找不到这份飘逸感了。

8. 红酒炖牛肉

红酒炖牛肉是一道著名的勃艮第传统菜肴。当地盛产葡萄酒，饮酒之余人们也将酒作为调料加入菜肴。出了诸如红酒炖鸡、红酒酱鸡蛋等名菜，其中最受欢迎的还得数红酒炖牛肉。法国各地餐馆的菜单上都不难找到它的名字，法国家庭餐桌上也常见到它的身影。按江湖地位来

说，红酒炖牛肉大致就相当于中国的红烧肉吧。美国厨神茱莉亚·查尔德在其著作《掌握烹饪法国菜的艺术》中介绍过红酒炖牛肉的菜谱，并赞美这道菜“绝对是人类创造的最美味的牛肉菜肴之一”。当年她这本书的出版也算是托了这道菜的福。根据她生平改编的电影《朱莉和茱莉亚》中有关于这段故事的描述。在法国练就了一身好厨艺的茱莉亚·查尔德在志同道合的朋友协助下，决定以写烹饪书的形式为不怎么懂吃的美国人扫扫盲，见识下法国饮食文化。未承想花费了多年心血写就的书在出版上却一波三折、四处碰壁。书稿辗转到了一位出版社女编辑手中，她依照书中菜谱做了道勃艮第红酒炖牛肉。做完 尝，大呼惊艳，这本《掌握烹饪法国菜的艺术》便也水到渠成地出版了。

这道红酒炖牛肉各有各的做法，不过正宗的做法肯定要用勃艮第红酒，牛肉最好也选用勃艮第特产的优质夏洛莱牛。烹饪的过程烦琐漫长，光是以牛骨、牛肉、勃艮第红酒和各种香料熬一锅香滑浓郁的牛肉底汁就得耗费数个小时。底汁备用，将煎成棕色的牛肉块和培根撒盐、胡椒和面粉，充分翻动以裹匀面粉。然后放入预热好的烤箱中，烤四分钟后取出、翻动，再重复这一步骤，目的是使裹在牛肉上的面粉形成一层硬壳。锅中倒入备好的牛肉底汁和勃艮第红酒，须没过全部牛肉。这道菜讲究的就是滴水不加。再加入切碎的新鲜百里香、碾碎的月桂叶、大蒜、番茄酱，炉上大火烧至汤汁沸腾。锅上加盖，放入已调至160℃的烤箱中烤大约3个小时。待叉子可轻易刺穿牛肉时便大功告成了。配菜可以用黄油炒些珍珠洋葱和蘑菇。沥尽汤汁，配菜置于牛肉、培根上。汤汁撇去浮油，大火煮沸、收浓，浇于菜肴上煮两三分钟便可上桌了。牛肉尽吸红酒精华，醇香醉人，入口即化。搭配土豆泥或者煮土豆吃，再来杯上好的勃艮第红酒，就是完美的一餐。这道菜适合在闲暇时精心烹制给所爱之人，在乎一个人不就是舍得将时间花在他（她）身上嘛。

9. 塔坦小姐的苹果挞

记不清有多少次了我们专程驱车来到塔坦饭店，就为去吃那道著名的反烤焦糖苹果挞。这款在法国家喻户晓的苹果挞不似马卡龙那般见仁见智，很难找到不喜欢吃它的人。塔坦饭店是反烤焦糖苹果挞的发明地，论口味没有更正宗的了。

话说19世纪那会儿，塔坦饭店由斯蒂芬妮和卡罗琳娜两姐妹经营。饭店位于火车站对面，狩猎季有大批猎人光顾，生意红火。这一日姐妹俩忙得晕头转向居然忘记做甜点了，赶忙切了苹果混合黄油和糖放入模具塞进烤炉。到了该上甜点的时候打开烤炉一看，天啊，苹果下边竟然没铺饼皮。这个节骨眼儿上重烤一个也不赶趟了，干脆将错就错，随手擀了张饼皮覆在已烤成焦糖色的苹果上。斯蒂芬妮忐忑不安地将苹果挞倒扣在盘子中上了桌，没想到却大受食客们的欢迎。马克西姆餐馆的老板在塔坦饭店吃过姐妹俩这道反烤焦糖苹果挞后念念不忘，

遂将这道甜点引进了自家餐馆。1926 年法国美食家古农斯基将其介绍到了巴黎，从此塔坦小姐的苹果挞风靡世界。从街头小馆到米其林餐厅，菜单上都少不了它的身影。这款反烤焦糖苹果挞从此成为世界上最美味的错误。

装在银灰色纸盒中的苹果挞交到手中，一掂分量还真不轻，问了服务员才知足足有三公斤。饼皮极薄，漂亮的焦糖色苹果块大而甜糯。吃时配一球香草冰淇淋或者鲜奶油，又大又圆的苹果挞不知不觉就吃光了。

10. “蚝”门一入深似海

生蚝别名牡蛎，又称海蛎子，含锌量在各种食物中居首。法国人爱吃生蚝，倒不是由于他们缺锌，主要是因其味道鲜美，而且像葡萄酒一样层次丰富，能品出前味、中味和后味来。中学课本里有篇莫泊桑的《我的叔叔于勒》，文中生动地描写了法国人吃生蚝的情景。“父亲忽然看见两位先生在请两位优雅高贵的太太吃牡蛎。一个衣衫褴褛的年老水手拿小刀一下撬开牡蛎，递给两位先生，再由他们递给两位太太。她们的吃法很文雅，用一方小巧的手帕托着牡蛎，头稍向前伸，免得弄脏长袍。然后嘴很快地微微一动，就把汁水吸进去，牡蛎壳扔到海里。”如今在法国餐厅里吃生蚝已经没人拿小刀帮着撬壳了，这些工作在后厨里就干净漂亮地完成了。一枚枚生蚝摆在铺满碎冰的硕大金属托盘中上了桌，带着清新的海洋气息。淋上几滴柠檬，幼嫩鲜甜的蚝肉伴着壳中那一汪清澈的原汁滑下喉咙，口腔中还兀自余香回荡。

不论古今中外，对生蚝催情这个说法大家都惊人一致地同意。《本草纲目》记载，牡蛎肉“多食之，能细活皮肤，补肾壮阳，并能治虚，解丹毒”。据说意大利最著名的花花公子卡萨诺瓦周旋于众多情妇间的秘密武器就是生蚝，每天要生吞上四五十只。连拿破仑也说：“生蚝是我征服女人和敌人的最佳食品。”法国人从中世纪就开始吃生蚝了。法国的生蚝个头儿大、肉质细嫩、爽滑多汁。每个人都是独一无二的，每只生蚝也都是与众不同的。不同的品种，不同的地域，不同的气候乃至潮汐的涨落与海水的温度都会影响到生蚝的味道。它可以清甜，可以微咸，可以带着金属味，还可以带着坚果味……入门者可以先从石蚝开始，其肉质丰盈，口感甜润，比较容易接受。产自法国西部拉罗歇尔和奥列隆岛的吉拉多石蚝入口鲜香爽脆，紧跟着转为丰厚软滑，榛果香与酒香徐徐散出，乃石蚝中的极品。待成为生蚝行家，就到了挑战重口味的“生蚝之王”贝隆铜蚝的时候了。这种产自布列塔尼贝隆河的欧洲扁蚝生长条件极为严苛，成长期也要比其他蚝类慢上一倍，也正因此锻造出了它卓越的品质。入口是浓郁的矿物味与海草香，中味激扬澎湃，后味内敛清新，带有强烈的金属味，麻痹感自舌头两侧蔓延至口腔。纵使再挑剔的美食家也对它赞不绝口。

依照欧洲古老相传的说法，只有以“R”结尾的月份才适合吃生蚝。5~8 月处于繁殖期，拿中医的话讲这时候的生蚝“太虚”，不好吃。海明威说：“当我吃下带浓烈海腥味的生蚝时，冰凉的白葡萄酒冲淡了生蚝那微微的金属味道，只剩下海鲜味和多汁的嫩肉。我吸着生蚝壳里冷凉的汁液，再藉畅快的酒劲冲下胃里，那股空虚的感觉消失了，我又愉快起来。”这段话透露出两个信息，一是海明威有明显的贪杯症状，二是生蚝与白葡萄酒真的很搭。白葡萄酒既平衡了生蚝的腥，又突出了它的鲜。最好是什么地方产的生蚝就配什么地方酿的白葡萄酒，二者由相同的气候水土滋养，餐桌上亦会有种“他乡遇故知”的契合。虽然美食家们一致推崇生蚝应该生食，可对于我那副中国胃来说，还是加上蒜蓉或奶酪焗烤了吃更舒坦。

11. 普罗斯特的玛德琳蛋糕

玛德琳蛋糕是法国的一种传统贝壳状小点心，简单而经典。它呈温暖的金黄色，精致小巧，浓郁松软。几乎在所有的法国面包店都能找到它。传说 18 世纪时，法国国王路易十五的老丈人、波兰国王、

洛林公爵斯坦尼斯瓦夫一世流亡至法国可梅尔西城时，一日他的甜点师赶在饭点儿擅自离职了。要知道这位老丈人可是个标准的吃货，一顿饭缺了甜点哪成啊。就在这时一位名叫玛德琳的女仆临危受命，烤了她拿手的贝壳状小点心端上桌去。未承想这应急的小点心竟然深得国王他老丈人的欢心，索性直接用女仆的名字命名了蛋糕，还送去了凡尔赛宫与女儿、女婿分享。玛德琳蛋糕自此走红法国。19 世纪末到“二战”前夕，玛德琳蛋糕作为可梅尔西城的特产被妇女们装在柳条篮中穿行于火车站台间叫卖。在 2006 年的欧洲日，玛德琳蛋糕更被选为代表法国的甜点。

说起来玛德琳蛋糕也是所有甜点中文艺范儿最浓的。“突然，往事浮现在我的眼前。这味道，就是玛德琳小蛋糕的味道，那是在贡布雷时，在礼拜天上午，我到莱奥妮姑妈的房间里去请安时，她就把蛋糕浸泡在茶水或椴花茶里给我吃……它们的形状——包括扇贝状小蛋糕的形状，它丰腴、性感，但褶皱却显得严肃、虔诚……”小小的一枚贝壳状蛋糕竟然触发了大文豪普鲁斯特的灵感，创作出意识流巨著《追忆似水年华》。那些关于童年的味蕾记忆如此美好又如此顽固，于某个点一触即发，业已消逝的旧时光顷刻间逆流成河。“然而，当人亡物丧、过去的一切荡然无存之时，只有气味和滋味长存，它们如同灵魂，虽然比较脆弱，却更有活力，更加虚幻，更能持久，更为忠实，它们在回忆、等待、期望，在其他一切事物的废墟上，在它们几乎不可触知的小水珠上，不屈不挠地负载着记忆的宏伟大厦。”虽是裸蛋糕，但玛德琳口味偏甜，吃的时候得学着普鲁斯特的样子配一杯清淡的茶。掰一块贝壳状小点心，浸在记忆的潮水中。“带着点心渣的那一勺茶碰到我的上颚，顿时使我浑身一震，我注意到我身上发生了非同小可的变化，一种舒坦的快感传遍全身，我感到超凡脱俗。”

12. 马赛鱼汤

俗话说“靠山吃山，靠海吃海”。作为法国最大的海港城市，马赛的饮食风格自然是围绕着海鲜转了。马赛鱼汤又叫普罗旺斯鱼汤，是一道历史相当悠久的汤，2500 年前就被马赛的渔夫发明出来了，起源于他们随意炖煮渔获而成的菜肴。如今这款曾经的渔夫料理却与俄罗斯的罗宋汤、泰国的冬阴功汤并列为世界三大名汤。左拉的钟爱为马赛鱼汤染上了些许文学气质，J.K. 罗琳的《哈利 · 波特与火焰杯》又为它增添了几分魔幻色彩。书中霍格沃兹魔法学校招待法国布斯巴顿魔法学校校长马克西姆夫人时，就贴心地为她准备了马赛鱼汤，结果成功地讨到了她的欢心。

马赛鱼汤是一道快手汤，也谈不上技术含量，只不过汤里应该放什

么不该放什么一直都没个定论。据说传统的马赛鱼汤绝不能使用贝类。而马赛的主妇们有的喜欢在汤中加入龙虾和螃蟹，有的居然连番茄都不加。想当年马赛的渔夫一天下来手头儿剩下什么都往锅里大杂烩，哪有这些讲究。如今“食不厌精，脍不厌细”，多少有些过度解读了。在马赛生活过的茱莉亚·查尔德实地调查后总结：“马赛鱼汤的香气来自两种东西：普罗旺斯式的汤底——大蒜、洋葱、番茄、橄榄油、茴香、藏红花、百里香、月桂叶，通常还有点儿干橙皮；当然，还有鱼——瘦肉的（不含油脂）、肉质坚实的，肉质软嫩的、带胶质的，还有贝类。”正宗的马赛鱼汤须用地中海产的鱼类，诸如鳕鱼、鲱鱼、鲂鱼、海鳗……大量的新鲜鱼类是这道汤拥有独特质地与醉人香气的秘诀。上菜时汤和鱼肉分开盛放着。吃时将涂了蒜味蛋黄酱烤得香香脆脆的面包片浸在褐黄色的浓汤中食用。剔了骨的雪白鱼肉吸饱了汤汁，入口即化，海洋的芬芳自内而外地弥漫、扩散，直至将整个人包围。去马赛一是逛逛喧嚣热闹的老港鱼市，二是选家餐馆吃上顿凝萃海洋精华的马赛鱼汤。这样才算不虚此行。

13. 卡苏菜

卡苏菜也叫豆焖肉，是法国西南部菜肴。法国名厨蒙塔涅曾将卡苏菜比作“法国西南美食的上帝”。关于这道菜的来历，他是这么娓娓道来的：“英法百年战争时期，法国小城卡斯泰尔诺达里陷入了英国军队的重重包围之中。为了提升士气、拼死一搏，城内饥馑的人们翻箱倒柜将家中所剩食材聚集起来，支起一口巨大的锅做了个法国乱炖。吃饱喝足，小城里的人个个精神抖擞，一鼓作气就把英国人给打跑了。”当然，这只是关于卡苏菜起源的其中一个版本而已，人家图卢兹跟卡尔卡松还

觉得自己的卡苏菜最正宗呢。

不同地区的卡苏菜做法不尽相同，各有千秋。豆焖肉，顾名思义豆子和肉是这道菜最基本的食材。豆子选用的是法国西南部特产的大白扁豆，个头儿大又香酥软糯，在法国菜里常用来与各种肉类搭配。在肉的选择上就看出这几个地区的差异来了。图卢兹的卡苏菜会使用图卢兹香肠和羊肉，卡尔卡松会把猪肋排加进去，卡斯泰尔诺达里则会选油封鸭或油封鹅。此外还要加入高汤、大蒜以及百里香、月桂叶、肉豆蔻等几味香料，倒在砂锅里细火慢炖。砂锅亦是这道菜必不可少的一个元素。卡苏菜的法语名“Cassoulet”就源于当地的一种砂锅“Cassole”。经数个小时的熬煮后，表层撒上面包渣进烤箱焗至金黄酥脆。最后就收获到一大锅热气腾腾、香稠浓郁足够为一家人提供能量的乡村美食。法国各地餐厅的菜单上普遍都有卡苏菜。它油而不腻，入口即化，丰盈的肉香中混合着清新的豆香。不同于一般法国菜轻巧的分量和精致的摆盘，卡苏菜可是实实在在一大砂锅就上了桌，吃完真能上战场了。

14. 酸菜炖熏肠

跟我国一样，法国东北那疙瘩也吃酸菜。两个地方纬度差不多，饮食习惯也这么惊人相似。是不谋而合还是相互借鉴过呢？据说，绰号“上帝之鞭”的匈奴王阿提拉曾带兵打到中国却被长城阻挡了步伐。不过他也没白跑一趟，跟长城脚下的中国人把酸菜的做法学会了。匈奴人是游牧民族，历来以肉食为主，北方冬季又缺蔬菜。自从队伍有了酸菜，腰不酸了，腿不疼了，打仗也有劲儿了。随后做酸菜的方子被阿提拉带到了欧洲。法国最早提到酸菜是在 15 世纪，16 世纪则有文字记载酸菜出现在了修道院的餐桌上，到了 18 世纪酸菜已经广泛出现在法国阿尔萨斯、洛林以及德国一些地区，19 世纪酸菜炖熏肠被正式命名为“Choucroute”。

我一早便对酸菜炖熏肠充满了好奇，主要是因为菜名发音太好玩儿了——输哭特。房车旅行时，我跟托马逛了斯特拉斯堡的圣诞集市，在德国黑森林小镇吃了黑森林蛋糕后又回到法国的阿尔萨斯地区。在这里，法国和德国两国文化完美交融。风行德国的酸菜炖熏肠正是阿尔萨斯的地方特色菜。它也是一道法国传统过冬菜肴。这么扎扎实实的一大盘子酸菜和肉，夏季里可消受不起。这回到了它的发源地，不吃个肚圆我是不会走啦。我们俩特意找了间传统家庭式餐馆来吃这道酸菜炖熏肠。餐馆名叫“祖母的汤”，小而温馨，墙壁、菜单上都是家族的老照片。这回算是找对地方了，要的就是这份老祖母的味道。满满当当一大盘子上桌，是酸菜配熏肠、猪肘子和土豆。熏肠和猪肘子极为入味，搭配微酸的酸菜正好解了大口吃肉的腻。两者相辅相成，天衣无缝，就跟食物里的神雕侠侣似的。这么一口酸菜一口肉、一大盘子貌似不可能的任务不知不觉间就被吃了个盘干碗净。吃时记得配上点第戎产的芥末酱，更加提味醒神。

15. 一只火腿的养成

火腿是种历史悠久的肉食，最初的发明是为了肉类的长期储存。苏东坡在《格物粗谈·饮食》中记载了火腿的做法：“火腿用猪胰二个同煮，油尽去。藏火腿于谷内，数十年不油，一云谷糠。”世界各国都有其引以为豪的火腿。我国有金华火腿，意大利有帕尔玛火腿，西班牙有伊比利亚火腿，法国则有巴约纳火腿。据说法国国王亨利四世格外钟爱巴约纳火腿，餐桌上总少不了它。

巴约纳火腿是法国西南部巴斯克山区的特产，以古老的港口城市巴约纳命名。这款作过御膳材料的火腿对地域和品种的要求极为严格，可不是随便什么猪都能有幸被制成巴约纳火腿的。法律规定只有在阳光充沛、自然环境得天独厚的阿杜尔河盆地饲养的猪才能成为巴约纳火腿的原料。每只猪都有独一无二的身份识别烙印。为了保障肉质的绿色天然，这些猪的饲料中不能含有任何抗生素、类固醇和鱼油，只能以玉米饲养。此外法律还对猪的运输、屠宰、切割以及猪肉的最低脂肪含量、羊毛脂酸含量、储存温度都做了严格规定。一条一条分毫不差达到上述标准的才能被赋予巴约纳火腿的名号。

依照古法，每年 10 月末、11 月初宰猪，而后将肉均匀涂抹上贝阿恩盐，挂于干燥室内直至来年 1 月或 2 月初。接下来用猪油和面粉混合物封住猪腿切割面，以此来减缓其在温暖春季中的干燥速度。这一阶段往往还会在表层抹上埃斯佩莱特葡萄酒糊，为火腿增添独特风味。到了 7 月末，干燥程序已至尾声，可以享用美味的火腿了。现如今巴约纳火腿仍遵循传统制作理念，只是以电脑调控温湿的现代化干燥室取代了原始的四时节气。成品火腿在八至九公斤之间，色如玛瑙，泛着油润的光。薄薄切片，配清甜的哈密瓜或无花果吃。其肉质柔软又弹性十足，精致的甜中带咸口味，油香浓郁，肥而不腻。

16. 卡瓦永的甜瓜有多甜

卡瓦永的甜瓜有多甜？想当年大仲马的瓜瘾居然大到不吃甜瓜就写不出稿的地步。后来他索性跟卡瓦永的镇长签了个以书换瓜的协议，为当地图书馆捐赠了累计数百本著作，只求每年送他 12 个甜瓜。经历了两次世界大战和一百多年的沧桑后，今日仍可在卡瓦永图书馆找到当年残留的部分大仲马著作，只是书页已泛黄发脆。

卡瓦永是法国的“甜瓜之乡”，这里出产全法国最甘美多汁的甜瓜。当地阳光普照，干燥炎热，正适宜甜瓜生长。甜瓜每年有三季，比美剧的更新频率高多了。首季甜瓜 5 月上市，这批是在开暖气的温室中培育出来的。第二季甜瓜 6 月上市，这批是在不开暖气的温室中培育出来的。第三季也是最甜蜜丰盈的一季，于炎炎夏日中上市，这批甜瓜是在普罗旺斯的阳光雨露滋养下生长的。

挑甜瓜也是门学问。托马是这方面的专家，估计是童年时帮他妈种甜瓜耳濡目染学会的。2015 年我们在园子里也种了不少甜瓜，完全有机种植，一点儿化学肥料都不施。收获的甜瓜口感及美味度自然比超市买的更胜一筹。挑甜瓜要先看瓜蒂，跟瓜身有些脱离的为佳，这与瓜熟蒂落同理。然后再看瓜皮，一颗上好的卡瓦永甜瓜应有十条蓝绿色纹路，是为“十纹瓜”。瓜拿在手中得有分量，鼻子凑近瓜脐，可闻到甜美馥郁的瓜香。道理虽然都懂，可是我挑的甜瓜永远没有托马挑的好。挑西瓜才是我的强项，轻轻一拍便知手中的瓜是甜美多汁还是青涩未熟。每次我在超市轻拍西瓜，专注聆听，托马都会凑过来问：“怎么样，它回答你了吗？”

长达 5 个月的甜瓜季中，法国人餐桌上总少不了它的身影。最为常见的是甜瓜配帕尔玛火腿作为前菜，配牛油果拌沙拉，配龙虾作为主菜，榨甜瓜汁喝或者将瓜一切两半，掏出瓜瓤再倒上波特酒用勺子挖着吃。

17. 美食家圣经《米其林指南》

1900 年法国知名轮胎制造商米其林公司推出了一本 400 多页的便携式小书《米其林指南》。书中既有旅游信息又有汽车维修技术方面的信息，当然了米其林兄弟也没忘记花费将近 60 页的篇幅来介绍他们的充气轮胎的种种好处。他们的初衷很简单，想通过这本指南推动人们去公路旅行，消耗掉尽可能多的轮胎。那一年汽车的速度已“高达”每小时十几公里，《米其林指南》是免费赠送的，而且书中还不包含日后令其名声大噪的餐馆信息。1920 年《米其林指南》发生了三大高瞻远瞩的转变。一是书中加入了餐馆信息，二是不再接受广告，三是进入书店售卖。为了扩大销量，《米其林指南》列出的餐馆信息逐年增加，如此便产生了为它们评级的需要。1926 年历史性的米其林星级评定方式诞生了！

米其林评级分为一到三颗星。一星表示同类别中很不错的餐厅，值得停车一尝；二星表示出色的菜肴，一流的厨艺，值得绕道前往；三星表示出类拔萃的菜肴，值得专程为此安排一次旅行。米其林三星相当于美食界的奥运金牌，能得到的餐馆寥寥无几，它们是名副其实的行业翘楚。米其林星级评定标准包括菜肴原材料质量、厨艺水平及菜肴口味、创意、烹饪水准一致性、是否物有所值等几个方面。对一家餐馆来说，得到或失去一颗星不仅是荣誉的问题，更意味着上百万欧元营业额的得失。而对

一名厨师来说，得到米其林三星是他们的毕生追求。米其林三星既是至高的荣誉，又是莫大的压力。1966 年法国名厨阿兰・热克因餐馆从三星降到两星而举枪自杀，2003 年因为同样原因三星主厨伯纳德・卢瓦索也自杀了。真可谓得星者生，失星者亡。

《米其林指南》“红宝书”是 100 多年来销售量最大、收录最齐全的全球一流餐馆、酒店大全年鉴。1/5 以上的法国人随时使用和阅读它，目前全球发行量已超过七亿册。《米其林指南》之所以权威，一方面是因为它谢绝一切广告，另一方面则是因为那些为其餐馆评级系统工作的美食侦探们。他们微服私访餐馆，自己预订座位，自掏腰包付账。没人知道他们的名字，也没人知道他们的长相。堪比 FBI 级别的保密性以及不时调换工作地点的机制保证了米其林评级的公平公正。能将“吃”作为终身职业并靠着“吃”赚钱简直是每一位吃货的终极梦想啊。不过当上美食侦探可不是件轻而易举的事。他们均具备多年的相关行业经验，上岗开吃前还要接受两年的专业培训。一旦开吃，就得兢兢业业。一天吃两顿，周末也不休息。两个礼拜吃下来，就回巴黎写报告。人家这还真是吃遍天下无敌手的节奏啊。目前，米其林的足迹几乎遍及全球，作为米其林在中国内地出版的第一本美食指南，《2017 上海米其林指南》也于 2016 年 9 月正式发布。前几年《米其林指南》进军香港、澳门，对此美食家蔡澜表示：“米其林不懂中餐，《指南》只是创造一些争论，这样人们可以多多购买。”确实，中华美食文化博大精深，很好奇那些吃惯了奶酪的法国人会如何解读臭豆腐中的哲学呢？